El Perfil de la Crisis Venidera

Contenido.-

Abreviaturas de las fuentes …………………………………………………… 01
Introducción ……………………………………………………….. 03
1.- Cronología de causa a efecto de la crisis inminente …………………………. 11
2.- Preparación para la crisis inminente ………………………………………… 18
3.- La marca de la bestia y el conflicto del domingo contra el Sábado ……………… 26
4.- Las pruebas y el triunfo del mensaje del tercer ángel ……………………… 39
5.- Ángeles buenos y malos y las imitaciones engañosas de Satanás ……………… 47
6.- El sello de Dios, el sellamiento y los 144000 …………………………… 54
7.- El zarandeo y la omega de la gran apostasía …………………………… 62
8.- El fuerte clamor, el ángel de Apocalipsis 18 y la lluvia tardía …………………… 70
9.- El fin del tiempo de gracia, las plagas y el decreto de muerte …………………… 78
10.- La liberación, la resurrección especial y la segunda venida …………………… 86

Abreviaturas de los Libros Citados.-

AFC	A Fin de Conocerle
ATO	Alza Tus Ojos
BCL	Battle Creek Letters
BEcho	The Bible Echo
Broadside	Broadside, Nº 1, Nº 2, etc.
BTS	The Bible Training School
Carta	Carta de Ellen G. White
CBA	Comentario Bíblico Adventista, Tomos 1 al 7
CDCD	Cada Día con Dios
CL	Country Living (Vida en el Campo)
CMPA	Consejos para Maestros, Padres y Alumnos
CRA	Consejos sobre Régimen Alimenticio
CS	El Conflicto de los Siglos
CTBH	Christian Temperance and Bible Hygiene
CW	Counsels to Writers and Editors
DF	Document File (White Estate)
DS	The Day Star (Periódico Millerita)
DTG	El Deseado de Todas las Gentes
EC	La Educación Cristiana
Ed	La Educación
1888M	The Ellen G. White 1888 Materials, Tomos 1 al 4
EUD	Eventos de los Últimos Días
Ev	Evangelismo
FCV	La Fe por la Cual Vivo
GCB	General Conference Bulletin
GCDB	General Conference Daily Bulletin
HAp	Los Hechos de los Apóstoles
HFM	The Health Food Ministry
HHD	Hijos e Hijas de Dios
HM	The Home Missionary
ELC	En Lugares Celestiales
HS	Historical Sketches
KC	The Kress Collection
LLM	Loma Linda Messages
Maranata	Maranata, Meditación Matinal

MM	Medical Ministry
ML	Manuscritos Liberados, Tomos 1 al 21
MS	Mensajes Selectos, Tomos 1 al 3
Ms	Manuscrito de Ellen G. White
NEV	Nuestra Elevada Vocación
PC	The Paulson Collection
PE	Primeros Escritos
PM	The Publishing Ministry
PP	Patriarcas y Profetas
PR	Profetas y Reyes
PT	The Present Truth
PUR	Pacific Union Recorder
PVGM	Palabras de Vida del Gran Maestro
Q&A	Question and Answer File (Centro White)
RJ	Reflejemos a Jesús
RH	Review and Herald
SAT	Sermons and Talks
SG	Spiritual Gifts (Dones Espirituales), Tomos 1 al 4
SP	Spirit of Prophecy, Tomos 1 al 4
SpM	Spalding Magan Collection
SpT-A	Special Testimonies, Series A
SpT-B	Special testimonies, Series B
ST	The Signs of the Times
SW	The Southern Work
T	Testimonios para la Iglesia, Tomos 1 al 9
TM	Testimonios para los Ministros
TrueM	The True Missionary
TSA	Testimonies to Southern Africa
W	The Watchman (originalmente The Southern Agent, posteriormente The Southern Watchman)
WLF	A Word to the Little Flock (Una Palabra al Pequeño Rebaño)
YI	The Youth's Instructor

LS Company

ISBN: 978-1-0878-7937-6

Introducción

Las Predicciones Humanas y la más Segura Palabra de la Profecía Divina.-

"Porque no hemos seguido fábulas ingeniosas, cuando os hemos hablado del poder y de la venida de nuestro Señor Jesucristo, sino que fuimos testigos oculares de su majestad. Porque él recibió honra y gloria del Padre Dios, cuando una voz vino desde la magnífica gloria, y dijo: 'Este es mi Hijo amado. En él me complazco'. Y nosotros oímos esa voz enviada del cielo, cuando estábamos con él en el monte santo. Tenemos también la palabra profética más segura, a la cual hacéis bien en estar atentos como a una antorcha que alumbra en lugar oscuro, hasta que el día esclarezca y el lucero de la mañana salga en vuestros corazones". **2 Pedro 1:16-19**.

La predicción de H. G. Wells.-

El famoso historiador, novelista y visionario británico, Herbert George Wells, en 1933 publicó una novela titulada The Shape of Things *to Come* [El aspecto de las cosas que sucederán]. Describió en ella la historia del mundo durante los próximos 173 años, es decir, hasta el año 2106. George Wells, como visionario y evolucionista, creía que la sociedad humana avanzaba certeramente hacia la perfección. En la lucha por la supervivencia de los más fuertes y mejor adaptados, se producirían retrocesos ocasionales, pero la tendencia general sería siempre en dirección ascendente, hacia la utopía. No sorprende, entonces, que Wells haya presentado en su novela la historia futura en términos luminosos.

Pero George Wells tuvo un rudo despertar, cuando la Segunda Guerra Mundial hizo añicos su utópico sueño. Como resultado en 1945, un año antes de su fallecimiento, Wells publicó su último libro titulado *Mind at the End of the Tether* [La mente al final de la traílla]. Se ha dicho que esta obra es "un débil grito de desesperación". El autor reconoce en ella el fracaso de sus predicciones. Uno de sus capítulos, se titula: "No existe 'Configuración de las cosas futuras'", lo cual es una cándida admisión del fracaso de su profecía.

Las predicciones de los médiums.-

Así son las predicciones humanas. Fallan con mucha frecuencia. La sección titulada "Vida" del periódico *The Idaho Statesman,* del 23 de Enero de 1995, contenía un artículo titulado "Los médiums no lograron detectar la cercanía de su año malo". En ese artículo, el periodista Gene Emery, que había estado siguiendo la pista a las predicciones de los médiums desde 1978, encontró que éstos generalmente "se desempeñan en forma horrible", pero en el año 1994 "les fue un poco peor aún". A continuación presentamos una muestra de sus predicciones: 'Frank Sinatra será nombrado embajador a Italia"; "Madonna se casará con un jeque del Cercano Oriente y se convertirá en una esposa 'totalmente tradicional'", "Charles Manson será sometido a una operación que cambiará su sexo y será puesto en libertad".

A diferencia de las predicciones no confiables de los médiums, o de los pronosticadores serios como H. G. Wells, la Biblia ofrece lo que 2 Pedro 1:19 llama "la palabra profética más segura". El contexto de esta declaración es la transfiguración de Jesús. Pedro estaba convencido de que Cristo regresaría a este mundo en poder y gloria porque había *presenciado la transfiguración.*

La palabra profética más segura.-

Entonces, lo que Pedro está diciendo es que tenemos una palabra más segura que su testimonio ocular. ¿Cómo puede ser esto? Aquí está la respuesta. Lo que Pedro vio en el monte de la transfiguración lo convenció de que Jesús regresaría a este mundo en poder y gloria. Pero el lector y el que esto escribe no estuvimos con él, por lo que debemos aceptar la palabra de Pedro en cuanto a lo que él vio era prueba de la segunda venida. Pero éste no es el caso de la profecía bíblica. Nosotros que estamos viendo el cumplimiento de las señales de la venida de Cristo que anuncia la Biblia, tenemos evidencias más dignas de confianza que el testimonio ocular de Pedro. Es en este sentido que la profecía bíblica es "más segura" que aceptar la palabra de Pedro como testigo ocular.

La Biblia es como una carta.-

La Biblia es como una carta de navegación por la cual un piloto un barco hasta su destino. En forma singular, a medida que estudiamos las profecías de la Biblia referentes a la segunda venida de Cristo, y presenciamos el cumplimiento de estas predicciones en nuestros días, se acrecienta nuestra confianza en la profecía bíblica para los últimos días, y por ende en la Biblia misma. La siguiente ilustración lo ayudará a comprender mejor este punto.

Cuando yo tenía cuatro años de edad, mis padres se mudaron de Rio de Janeiro, Brasil, a Recife, ciudad situada en la costa noreste del país. Viajamos en un trasatlántico. Mi padre se hizo amigo del capitán del barco. Un día éste lo invitó a que lo acompañara en el puente, y me llevaron con ellos. Lo único que recuerdo es al piloto que hacía girar una enorme rueda con muchas manijas. No vi una carta de navegación de gran tamaño frente al timón, que el piloto usaba para guiar el barco. Si hubiera tenido más edad para comprender y examinar el mapa, habría visto la costa brasileña en el lado izquierdo y el océano Atlántico en el lado derecho.

Nuestro barco llegó a las afueras del puerto de Recife a eso de las dos de la mañana y echó anclas. La ciudad ha recibido ese nombre porque frente a su costa hay un arrecife de coral, lo que hace muy difícil la entrada al puerto.

Mis padres nos despertaron, nos vistieron, y nos llevaron a cubierta, hasta la baranda del barco. Desde allí miramos el mar en la oscuridad nocturna.

Papá señaló una luz oscilante que avanzaba hacia el barco. Nos dijo que era una lancha que traía a un piloto que guiaría nuestro barco hasta el puerto. Cuando la lancha llegó junto al barco divisé al piloto vestido con su traje blanco.

Repentinamente oí un fuerte ruido cuando los tripulantes lanzaron una escalera de cuerdas por la borda. El piloto aprovechó la llegada de una ola que levantó la proa de la embarcación, para tomarse de la escalera y trepar hasta la cubierta de nuestro barco.

Si lo hubiera acompañado hasta el puente de mando y tenido más edad para comparar el mapa del puerto con el mapa de navegación en alta mar, habría descubierto que la única diferencia entre las dos era que la del puerto era mucho más detallada y tenía bien marcados el arrecife y los bancos de arena. Habría notado también que la carta de navegación del puerto de Recife coincidía en todos los puntos importantes con la carta de navegación en alta mar.

La Biblia es la carta de navegación de alta mar. Sus profetas nos muestran claramente lo que nos aguarda en el futuro. Los cristianos del pasado y del presente han guiado sus vidas por sus enseñanzas, y han sabido que las profecías bíblicas son dignas de confianza.

La carta de navegación del puerto de los adventistas.-

Como cristianos adventistas del séptimo día, creemos que a medida que nuestro barco, nuestra iglesia, se aproxime al puerto celestial, encontrará peligrosos arrecifes que podrían hacer zozobrar nuestra fe (1 Timoteo 1:19), por eso Dios nos ha dado una carta de navegación del puerto de nuestro destino para guiar nuestro barco a través de los arrecifes. Esta carta de navegación son los escritos del espíritu de profecía.

El espíritu de profecía es un conjunto de materiales escritos por Elena G. de White, quien, según creemos, fue inspirada por Dios. Creemos que como la carta del puerto de Recife coincidía con la carta de navegación de alta mar en todos los detalles importantes, del mismo modo los escritos de Elena G. de White concuerdan con la Biblia en todos los puntos significativos. Al comparar estos escritos con la Biblia, hemos concluido que han sido inspirados divinamente. La Biblia es la carta de navegación en alta mar puesta a prueba a lo largo de los años, que nos indica si nuestra carta del puerto ha sido inspirada por Dios.

No pedimos disculpas por creer que Elena G. de White fue una profetisa de Dios y que sus escritos fueron inspirados divinamente. Pero alguien podría abrigar dudas. ¿No son acaso los profetas algo que pertenece al pasado? ¿Fueron los profetas únicamente para los tiempos bíblicos? ¿Tendrá el pueblo de Dios de los últimos días un verdadero profeta? Consideremos lo que la Biblia dice acerca de esto.

El don de profecía y la iglesia remanente de Dios.-

En Apocalipsis 12:17 leemos:

"Entonces el dragón se llenó de ira contra la mujer; y se fue a hacer guerra contra el resto de la descendencia de ella, los que guardan los mandamientos de Dios y tienen el testimonio de Jesucristo".

Está claro que se trata de un lenguaje simbólico, y creemos que la Biblia es su propio intérprete; permitamos, entonces, que la Biblia interprete el significado de estos diversos símbolos.

¿Qué representa el dragón?

Apocalipsis 12:9 dice:

"Y fue lanzado fuera el gran dragón, la serpiente antigua, que se llama diablo y Satanás".

El diablo representa a Satanás, de modo que por substitución podemos decir: "Satanás estaba furioso [enrabiado] con la mujer".

¿Pero qué representa esta mujer?

El apóstol Pablo dice a la iglesia en 2 Corintios 11:2.

"Porque os celo con celo de Dios; pues os he desposado con un solo esposo, para presentaron como una virgen pura a Cristo".

De manera que Satanás está airado con la iglesia de Dios, y peleará contra ella y perseguirá al remanente de los descendientes de la iglesia. El remanente es lo último que queda de algo.

Por lo tanto, el remanente de los descendientes de la iglesia es el pueblo de Dios, la iglesia verdadera de los últimos días. Apocalipsis 12:17 nos presenta las características por las cuales podemos identificar a este pueblo. (1) "Guardan los mandamientos de Dios" y (2) "tienen el testimonio de Jesucristo".

Los mandamientos de Dios.-

La expresión "los mandamientos de Dios" parece evidente que se refiere a los Diez Mandamientos, pero permitamos que la Biblia lo puntualice.

Deuteronomio 4:13 dice:

"Y él os anunció su pacto, el cual os mandó poner por obra; los diez mandamientos, y los escribió en dos tablas de piedra".

Así que el pueblo remanente de Dios obedecerá los Diez Mandamientos, con ayuda de su gracia capacitadora, por cierto.

¿Pero qué es el testimonio de Jesucristo?

El testimonio de Jesucristo

El ángel de Apocalipsis 19:10 explicó a Juan:

"Yo soy consiervo tuyo y de tus hermanos que retienen el testimonio de Jesús... Porque el testimonio de Jesús es el espíritu de profecía".

Entonces, el testimonio de Jesús que posee la iglesia remanente de Dios, se llama "espíritu de profecía".

El apóstol Pablo dice lo siguiente acerca del testimonio o espíritu de profecía:

"Así como el testimonio acerca de Cristo ha sido confirmado en vosotros [la iglesia de Dios], de tal manera que nada os falta en ningún don, esperando la manifestación de nuestro Señor Jesucristo" (1 Corintios 1:6-7).

Este pasaje establece tres puntos: (1) El "testimonio de Cristo" es uno de los "dones" que Efesios 4:11 llama "profetas". 1 Corintios 14:22 lo llama "profecía"; compárese con Apocalipsis 22:9. (2) Cristo colocó este don en una iglesia que está esperando ansiosamente su "revelación" o segunda venida. (3) Él derramó este don para "confirmar", o colocar su sello de aprobación sobre su iglesia verdadera de los últimos días, y no sobre cualquier iglesia.

Profetizar es para los creyentes y no los incrédulos.-

En 1 Corintios 14:22 Pablo establece un importante principio concerniente al don profético. Él dice que "la profecía [es para señal], no a los incrédulos, sino a los creyentes". En otras palabras, el don profético es para los que, habiéndolo probado con la Biblia y encontrado que está en armonía con la Palabra de Dios, han aceptado su autoridad. No es "para los incrédulos". No es para los que han rechazado su autoridad, o no la han aceptado todavía.

Lo cual significa que nosotros, que creemos en la inspiración divina de los escritos de Elena G. de White y los aceptamos como auténticos, estamos en libertad de usarlos con los que tienen el mismo punto de vista. Mantener esta posición no tiene nada de siniestro ni engañoso. Los cristianos de otra fe aplican el mismo principio cuando predican a Cristo a los judíos. Los cristianos bíblicos aceptan la autoridad del Antiguo y el Nuevo Testamentos, pero los judíos aceptan únicamente la del Antiguo Testamento. Como resultado de esto, los cristianos emplean el Antiguo Testamento para convencer a los judíos de que Jesús es el Mesías prometido. Sin embargo, después que un judío acepta el Nuevo Testamento como divinamente inspirado y a su Cristo como el Mesías prometido, los cristianos están en libertad para usar toda la Biblia con el fin de convencerlo de las demás enseñanzas del Nuevo Testamento.

Elena G. de White y sus escritos.-
Algunos cristianos nos miran con desconfianza a nosotros los adventistas, porque creemos que los escritos de Elena G. de White son inspirados divinamente. También hay adventistas que se sienten avergonzados porque el Artículo 17 de nuestras "Creencias Fundamentales" dice:
"Uno de los dones del Espíritu Santo es el de profecía. Este don constituye una marca identificadora de la iglesia remanente y se manifestó en el ministerio de Elena G. de White. Como mensajera del Señor, sus escritos son una perdurable y autorizada fuente de verdad que proporciona a la iglesia aliento, dirección, instrucción y corrección. También establecen claramente que la Biblia es la norma por la cual se ha de probar toda enseñanza y experiencia" (Asociación Ministerial de la Asociación General de los Adventistas del Séptimo Día, Seventh-Day Adventist Believe... : A Biblical Exposition of 27 Fundamental Doctrines [Hagerstown, Md.: Review and Herald, 19881, p. 216).
La Biblia contiene palabras de consejo para tales adventistas, y este consejo se aplica igualmente a los que nos llaman herejes por creer que Dios ha derramado el don de profecía sobre la Iglesia Adventista del Séptimo Día en la persona de Elena G. de White y sus escritos. Esto es lo que la Biblia dice a los que se avergüenzan de las manifestaciones del espíritu de profecía en los últimos días:
"No menospreciéis las profecías. Examinadlo todo; retened lo bueno" (1 Tes. 5:20-21).
Este consejo inspirado amonesta a los cristianos a no despreciar la profecía. Pero va más allá aún. Los insta a probar las profecías. En otras palabras, a probara los profetas y sus escritos, y si demuestran ser buenos, deben retenerlos y aceptarlos como inspirados divinamente.
Pero el interrogante que surge ahora es: ¿Cómo probaremos las profecías?

Cómo probar a los profetas y sus profecías.-
Presentamos a continuación el método recomendado por la Biblia para probara los profetas y las profecías:

Prueba N° 1: ¿Qué enseña el profeta acerca de Cristo?
"Amados, no creáis a todo espíritu, sino probad los espíritus si son de Dios; porque muchos falsos profetas han salido por el mundo. En esto conoced el Espíritu de Dios: Todo espíritu que confiesa que Jesucristo ha venido en carne, es de Dios" (1 Juan 4:1-3).
La Biblia declara que Cristo era Dios "manifestado en carne" (1 Timoteo 3:16).
Entonces, un profeta auténtico enseñará que Jesucristo, quien era indiscutiblemente Dios, llegó a ser "Jesucristo hombre" (1 Tim. 2:5), y sin embargo en ningún momento dejó de ser Dios. Los escritos de Elena G. de White sostienen esta enseñanza de principio a fin. Quien abrigue alguna duda sobre este punto debiera leer su obra acerca de la vida de Cristo, El Deseado de Todas las Gentes. Este libro, desde la primera página hasta la última exalta a Jesucristo como Dios manifestado en carne, y lo que es cierto de este libro lo es también para todos sus demás escritos.
Prueba N° 2: ¿Qué clase de fruto espiritual produce el profeta?
"Guardaos de los falsos profetas, que vienen a vosotros con vestidos de ovejas, pero por dentro son lobos rapaces. Por sus frutos los conoceréis. ¿Acaso se recogen uvas de los espinos, o higos de los abrojos?" —Mar. 7:15-16.
Un profeta es conocido por el fruto espiritual que produce. En otras palabras, por la clase de vida que lleva.
Si un creyente en la inspiración divina de Elena G. de White dice que ella era una buena persona, podría pensarse con razón que es prejuiciado. Pero si un enemigo reconoce que ella era una mujer buena y piadosa, su testimonio tiene peso. Al fin y al cabo, el argumento más poderoso en favor de una posición es el reconocimiento hecho por la oposición.
El peor enemigo de Elena G. de White (no es que ella lo considerara enemigo, pero así la trataba él después que renunció a la iglesia), era un ex pastor adventista llamado Dudley M. Canright.

Elena G. de White murió el 6 de Julio de 1915. Antes de su muerte, Canright la había acusado de ser un falso profeta. Sin embargo, durante un servicio fúnebre conmemorativo realizado en Battle Creek, Míchigan, el 24 de Julio de 1915, este hombre, con el rostro bañado por las lágrimas, confesó que ella había sido una 'piadosa mujer cristiana'. Jasper Canright, hermano de Dudley Canright, quien también era un pastor adventista pero había permanecido fiel a la Iglesia, se encontraba presente en el servicio, juntamente con otros testigos, cuando Dudley efectuó la siguiente confesión. Jasper dejó la siguiente constancia oficial (una carta de Jasper B. Canright para S. E. Wight, fechada 24 de Febrero de 1931, citada en I Was Canright's Secretary, por Carrie Johnson [Hagerstown, Md.: Review and Herald, 1971], pp. 105-106).

Pastor S. E. Wight   Battle Creek, Míchigan
120 Madison Avenue, S.E.,   24 de Febrero de 1931
Grand Rapids, Míchigan

Apreciado pastor Wight:
"Mi hermano, D. M. Canright, fallecido, me decía con frecuencia que permaneciera fiel al mensaje. Me dijo, además: 'Si abandonaras el mensaje, eso arruinaría tu vida'. Hace varios años, en una reunión pública realizada en West Le Roy, de donde lo habían llamado para que se opusiera a la obra del pastor adventista, hizo la siguiente declaración: 'Creo que sé por qué me han llamado aquí. Esperan que demuestre con la Biblia que el domingo es el verdadero día de reposo, y que el sábado no lo es. La verdad es que no puedo probar con la Biblia que el domingo sea el día de reposo, porque tal prueba no está en ella; y creo también que puedo convencerlos de que el sábado no es el día de reposo [sic]'.[1]
Además, cuando se encontraba junto al féretro de la hermana White, con una mano sobre mi brazo y la otra apoyada en el ataúd, con el rostro bañado en lágrimas, dijo: Aquí yace una noble mujer cristiana que se ha ido'".
Sinceramente, suyo en la bendita esperanza,
(Firmado) J. B. Canright

Este testimonio de un testigo ocular y hermano carnal de Dudley Canright es más compelente que el testimonio de solo alguien que cree en el origen divino de los escritos de Elena G. de White.

Prueba Nº 3: ¿Concuerdan los escritos del profeta con los Diez Mandamientos y el resto de la Biblia? Entérese de lo que dice Isaías:
"¡A la ley y al testimonio! Si no dijeren conforme a esto, es porque no les ha amanecido" (Isaías 8:20). Esta prueba consta de dos partes: (1) ¿Qué enseña el profeta en lo que concierne a lo que Dios escribió, la ley de los Diez Mandamientos (Éxo. 31:18)? Y (2) ¿Qué enseña el profeta con respecto a lo que los profetas escribieron, el testimonio de los autores bíblicos? Si aplicamos esta prueba a Elena G. de White y sus escritos, obtendremos lo siguiente: ella instó constantemente a los cristianos a obedecer la ley de Dios, y ella misma, por la gracia divina, se esforzó fielmente por guardar todos los mandamientos de Dios, incluyendo el mandamiento del día de reposo. En lo que concierne a la Biblia, la respuesta es: sus escritos concuerdan plenamente con el testimonio de los profetas bíblicos. Ni ella ni sus escritos presumieron alguna vez de corregir la Biblia. Antes bien, ella y sus escritos aceptaron la Biblia tal como fue escrita y siempre reconocieron la supremacía de la Escritura.
Notemos lo que escribió acerca de esto:
"Que todos sean atraídos hacia la Biblia; porque es la única regla de fe y doctrina". **BEcho, octubre 15, 1892**.
Mientras los escritos de Elena G. de White ofrecen con frecuencia ideas instructivas y esclarecedoras, cada vez que esas ideas se comparan con la Biblia, se las encuentra en acuerdo total con ella.

Prueba Nº 4: ¿Se cumplen las predicciones del profeta?

---

[1] El día sábado comercial comienza a las doce de la noche y termina a las doce de la noche. Pero el sábado, como día de reposo bíblico, empieza a la puesta del sol y termina a la puesta del sol. Por lo tanto, Canright planteó correctamente este asunto. El sábado comercial no es lo mismo que el día de reposo.

"Cuando se cumpla la palabra del profeta, será conocido como el profeta que Jehová en verdad envió" **Jer. 28:9**.

El cumplimiento de las predicciones del profeta es la cuarta prueba que establece si éste es o no es inspirado. Posteriormente examinaremos algunas predicciones efectuadas por Elena G. de White. A continuación examinemos lo que sigue:

Es necesario aplicar las cuatro pruebas.-

La aplicación de una sola prueba bíblica no basta para establecer si una persona es o no es profeta de Dios. Algunos falsos profetas pueden reconocer que Cristo era Dios manifestado en carne humana, pero puede suceder que no satisfagan una o más de las pruebas restantes. Algunos pueden causar la impresión de tener una vida piadosa, pero fallar en otra prueba. También otros pueden asegurar que sus escritos están en armonía con la Biblia, lo cual puede parecer verdad por un tiempo, pero después él o sus escritos pueden fallaren una o más de las pruebas restantes. Finalmente, algunos falsos profetas pueden predecir cosas que realmente se cumplan, y sin embargo fallar en una o más pruebas. Por eso, para establecer que un profeta ha sido inspirado divinamente, debe pasar las cuatro pruebas bíblicas.

Predicciones sobre condiciones religiosas en los últimos días.-

Hemos establecido que Elena G. de White y sus escritos pasaron tres de las cuatro pruebas bíblicas del profeta auténtico. El resto de este capítulo analiza una de sus predicciones, la cual creemos que se encuentra actualmente en proceso de cumplimiento. Muchas de sus predicciones se refieren a la intolerancia religiosa en los Estados Unidos y en el resto del mundo en los últimos días. Estas profecías constituirán el tema de esta obra.

Hace más de un siglo, cuando los protestantes se oponían abiertamente a los católicos, Elena G. de White predijo:

"Los protestantes de los Estados Unidos serán los primeros en tender las manos a través de un doble abismo al espiritismo y al poder romano; y bajo la influencia de esta triple alianza ese país marchará en las huellas de Roma, pisoteando los derechos de la conciencia". **CS:645**.

En la **RH, 01 de Junio de 1886**, ella explicó cómo sucedería esto;

"Esta unión, sin embargo, no se efectuará como resultado de un cambio en el catolicismo; porque Roma jamás cambia. Se atribuye infalibilidad. Es el protestantismo quien cambiará. La adopción de ideas liberales por su parte lo pondrá en una situación en la que podrá darse la mano con el catolicismo'.

También explica cómo las denominaciones norteamericanas principales llevarán a cabo esto:

"Cuando las iglesias principales de los Estados Unidos, uniéndose en puntos comunes de doctrina, influyan sobre el Estado para que imponga los decretos y las instituciones de ellos, entonces la América protestante habrá formado una imagen de la jerarquía romana, y la inflicción de penas civiles contra los disidentes vendrá de por sí sola". **CS:498**.

En la actualidad vemos que Estados Unidos se está encaminando hacia el cumplimiento de estas predicciones. Un artículo escrito por Gustave Nieburh titulado "La religión y la política pueden mezclarse", contiene esta declaración:

"Ante la evidencia de un cambio en las actitudes norteamericanas acerca de la religión y la política, la mayoría del público cree actualmente que las iglesias debieran ser autorizadas para que expresen opiniones políticas, lo cual constituye un cambio total de lo que la mayoría creía hace una generación, según una encuesta nacional sobre identidad religiosa y opinión política". **Idaho Statesman, 25 de Junio de 1996**.

Si esta tendencia continuará o no, acompañada por un movimiento de presión para que se adopten leyes dominicales — como está predicho en los escritos de Elena G. de White, según veremos en capítulos subsiguientes — no lo sabemos. Tampoco es necesario que lo sepamos. Basamos nuestra fe, no en encuestas, sino en la palabra profética infalible.

El cinturón bíblico la crisis venidera.-

David W Cloud, en su opúsculo titulado Flirting With Rome: Evangelical Entanglement With Roman Catholicism [Coqueteando con Roma: Mixtura con el catolicismo romano], dice que por más de treinta años (desde la década de 1960) la Convención Bautista del Sur ha estado acercándose al catolicismo romano (Oak Harbor, Estado de Washington: Way of Life Literatura, 1993, 3:4). Hasta hace pocos años la Convención Bautista del Sur era decididamente anticatólica, y una de las más sólidas defensoras de la separación de la Iglesia y el Estado en los Estados Unidos.

En su libro publicado recientemente, A Woman Rides the Beast [Una mujer cabalga sobre la bestia], Dave Hunt, quien no es adventista pero percibe el peligro que representa la llamada Coalición Cristiana o derecha religiosa, declara:
"Un número creciente de evangélicos en la actualidad están aceptando a los católicos como cristianos y al parecer no ven ningún problema en unirse con ellos para la evangelización del mundo. Ese hecho resulta claro por el título mismo de la histórica declaración conjunta... efectuada por los líderes católicos y evangélicos. —Evangelicals and Catholics Together: The Christian Mission in the 3rd Millennium. [Evangélicos y católicos juntos: La misión cristiana en el tercer milenio] (Eugene, Oregon: Harvest House Publishers, 1994, p. 413).

¿Qué ubica en primera plana el asunto del sábado y el domingo?
Además de los cambios que se están operando en el clima religioso, actualmente presenciamos cambios ecológicos que están comenzando a afectar el clima del planeta y presagian desastres de enormes consecuencias. También vemos corrupción política y decadencia moral que se han infiltrado no sólo en los Estados Unidos, sino en la sociedad en todas partes del mundo. Veamos lo que Elena G. de White predijo hace mucho en relación con esto:
`A medida que los hombres se alejan cada vez más de Dios, se permite que Satanás ejerza poder sobre los hijos de desobediencia. Arroja destrucción entre los hombres". **RH, 16 de Julio de 1901**.
Veamos quién está realmente causando estas calamidades y lo que Elena G. de White predice que sucederá cuando esos desastres caigan sobre la humanidad:
"Se declarará que los hombres ofenden a Dios al violar el descanso del domingo; que este pecado ha traído calamidades que no concluirán hasta que la observancia del domingo no sea estrictamente obligatoria; y que los que proclaman la vigencia del cuarto mandamiento, haciendo con ello que se pierda el respeto debido al domingo y rechazando el favor divino, turban al pueblo y alejan la prosperidad temporal". **CS:647-648**.

Los adventistas proclaman la segura palabra profética, pero no fijan fechas.-
Estas calamidades causadas por Satanás, predichas hace más de cien anos, pueden presentarse con mayor rapidez que lo que cualquiera de nosotros espera. Pero no importa cuándo vengan, debemos estar preparados espiritualmente, y sin embargo debemos evitar ser pronosticadores o fijar fechas. Elena G. de White advierte:
"Se me ha advertido repetidamente con respecto a la fijación de fechas. No volverá a haber (desde 1844) un mensaje para el pueblo de Dios que esté basado en una fecha. No podemos saber el tiempo definido para el derramamiento del Espíritu Santo o la venida de Cristo". **RH, 22 de Marzo de 1892**.
En otro lugar amonesta:
"Ni está contemplado en la providencia de Dios que cualquier hombre finito que emplee un instrumento, que haga cómputos con números, símbolos o signos, pueda saber con ningún grado de exactitud el tiempo de la venida del Señor". **Ms 9, 1891**.
Por otra parte, mientras evitamos ser pronosticadores o fijar fechas, debemos percatarnos del firme curso de los acontecimientos ordenados por [Dios] (**7T:14**), y cuando ocurran estos acontecimientos, tenemos que anunciar su cumplimiento al mundo.
El significado de esto es que los adventistas no han sido suscitados por Dios para ser profetas; en cambio hemos sido establecidos para proclamar "la segura palabra profética". Entonces, mientras procuramos penetrar los misterios del futuro — (**3MS:450**), "aprendamos a no pensar más de lo que está escrito" (1 Cor. 4:6, versión Sharpe de la Biblia en inglés). Cuando la Biblia y el espíritu de profecía predicen claramente que ciertos eventos ocurrirán en el futuro, podemos tener la seguridad absoluta de que esos eventos sucederán en la forma predicha; pero no debemos fijar fechas para el tiempo cuando ocurrirán, ni tampoco ir más allá de lo que la segura palabra profetice garantiza.

Observemos el firme curso de los acontecimientos.-

Elena G. de White escribió en 1907: "Tengo una clara comprensión de lo que será el futuro" (**Carta 28, 1907**), y esta clara comprensión de los eventos del tiempo del fin se refleja en sus claras y consecuentes

predicciones apocalípticas. La Biblia y los escritos del espíritu de profecía nos proporcionan numerosos eslabones de causa y efecto entre los acontecimientos que aparecerán en el futuro, pero cuánto tiempo transcurrirá entre un evento y el próximo, no ha sido revelado.

Puesto que los "últimos movimientos serán rápidos" (**9T:11**), a todos nos sorprenderá la rapidez con que ocurrirán algunos de esos eventos, porque se nos ha dicho que "el final llegará con mayor rapidez que la que muchos esperan" (**4SP:447**).

El propósito principal de la profecía.-

El propósito principal de Dios en la predicción del futuro no es que podamos saber el "día y la hora" (Mateo 24:36) de la venida de Jesús, o cuándo concluirá el tiempo de prueba, o cuándo se promulgarán las leyes dominicales, sino para que cuando "la segura palabra profética" suceda, "creáis que yo soy" (Juan 13:19), y nos regocijemos, porque nuestra "redención está cerca" (Luc. 21:28).

Capítulo 1: Cronología de Causa a Efecto de la Crisis Inminente

Propósito de la cronología divina.-
"Yo soy Dios, y no hay otro Dios, y nada hay semejante a mí, que anuncio lo por venir desde el principio". **Isa. 46:9-10.**
"Porque no hará nada Jehová el Señor, sin que revele su secreto a sus siervos los profetas". **Amós 3:7.**
"Y ahora os lo he dicho antes que suceda, para que cuando suceda, creáis". **Juan 14:29.**

Extensión de la información asequible.-
"Así también las profecías nos anuncian el porvenir con la misma claridad con que Cristo predijo su propia muerte a los discípulos. Los acontecimientos relacionados con el fin del tiempo de gracia y la preparación para el tiempo de angustia han sido presentados con claridad. Pero hay miles de personas que comprenden estas importantes verdades de modo tan incompleto como si nunca hubiesen sido reveladas. Satanás procura arrebatar toda impresión que podría llevar a los hombres por el camino de la salvación, y el tiempo de angustia no los encontrará listos".[2] **CS:652.**

La amplia infraestructura de los acontecimientos inminentes.-
Entonces vi que Jesús no dejaría el lugar santísimo antes que estuviesen decididos todos los casos, ya para salvación, ya para destrucción, y que la ira de Dios no podía manifestarse mientras Jesús no hubiese concluido su obra en el lugar santísimo y dejado sus vestiduras sacerdotales, para revestirse de ropaje de venganza. Entonces Jesús saldrá de entre el Padre y los hombres, y Dios ya no callará, sino que derramará su ira sobre los que rechazaron su verdad. Vi que la cólera de las naciones, la ira de Dios y el tiempo de juzgar a los muertos, eran cosas separadas y distintas, que se seguían una a otra. También vi que Miguel no se había levantado aún, y que el tiempo de angustia, cual no lo hubo nunca, no había comenzado todavía. Las naciones se están airando ahora, pero cuando nuestro Sumo Sacerdote termine su obra en el santuario, se levantará, se pondrá las vestiduras de venganza, y entonces se derramarán las siete postreras plagas.[3]

"Vi que los cuatro ángeles iban a retener los vientos mientras no estuviese hecha la obra de Jesús en el santuario, y que entonces caerán las siete postreras plagas. Estas enfurecieron a los malvados contra los justos, pues los primeros pensaron que habíamos atraído los juicios de Dios sobre ellos, y que si podían raernos de la tierra las plagas se detendrían. Se promulgó un decreto para matar a los santos, lo cual los hizo clamar día y noche por su libramiento. Este fue el tiempo de la angustia de Jacob. Entonces todos los santos clamaron en angustia de ánimo y fueron libertados por la voz de Dios". **PE:36-37.**

Otros acontecimientos que entran en la amplia infraestructura.-

---

[2] Aunque no podamos saber exactamente cuándo ocurrirá la segunda venida (Mat. 24:36; Hechos 1:6-7; 2 Tes. 5:1-2), podemos saber cuándo estará próxima y podemos comprender cómo se relacionan entre sí los sucesos futuros.
Ninguno de nosotros está inmune al peligro de permitir que el diablo enturbie impresiones que pueden prepararnos para lo que vendrá. Por eso, la información contenida en este libro debiera estudiarse con humildad y oración, con una actitud mental receptiva para aceptar lo que Dios ha provisto para nosotros en los escritos inspirados. Aunque se ha intentado cuidadosamente efectuar una compilación adecuada, este compilador no pretende no haber cometido algún error. Es muy probable que todos nosotros nos sorprendamos al comprender la forma como algunos eventos futuros se desarrollarán.
[3] Este amplio bosquejo es una infraestructura sobre la cual es posible incorporar otras informaciones inspiradas. Los grandes y amplios eventos futuros son: (1) La ira de las naciones, (2) la ira de Dios, y (3) el tiempo del juicio de los muertos.
"Se airaron las naciones" (Apoc. 11:18). Esto vincula los acontecimientos presentes con los eventos futuros bosquejados.
Si bien la ira de las naciones indudablemente se refiere a dificultades entre las naciones, tiene que ver más particularmente con la actitud perseguidora de las naciones hacia el pueblo de Dios, como se demostrará.
"El tiempo de juzgar a los muertos" se refiere a un juicio que ocurre después de la ira de Dios. Este juicio sucede durante el milenio, cuando "los santos han de juzgar al mundo" (1 Cor. 6:2; 4:5; y Apoc. 20:4).
La declaración de que "Jesús no abandonará el lugar santísimo antes que estuviesen decididos todos los casos", se refiere al final del tiempo de prueba. Este es un evento decisivo al que se hace referencia con diferentes términos: (1) "Jesús... [ha concluido] su obra en el lugar santísimo; (2) Jesús... [sale] de entre el Padre y los hombres; (3) "Miguel... [se levanta]; nuestro Sumo Sacerdote... [ha terminado] su obra en él santuario; y (4) [nuestro Sumo Sacerdote]... se levantará [y] se pondrá las vestiduras de venganza".

"Y al empezar el tiempo de angustia, fuimos henchidos del Espíritu Santo, cuando salimos a proclamar más plenamente el sábado". **PE:33**.

"El comienzo 'del tiempo de angustia' mencionado entonces no se refiere al tiempo cuando comenzarán a ser derramadas las plagas, sino a un corto período precisamente antes que caigan, mientras Cristo está en el santuario.[4] 4 En ese tiempo, cuando se esté terminando la obra de salvación, vendrá aflicción sobre la tierra, y las naciones se airarán, aunque serán mantenidas en jaque para que no impidan la realización de la obra del tercer ángel. En ese tiempo, descenderá la "lluvia tardía" o refrigerio de la presencia -del Señor para dar poder extraordinario al fuerte clamor del tercer ángel, y preparara los santos para que puedan subsistir durante el plazo cuando las siete postreras plagas serán derramadas.—PE 85-86.

Amplificación de los acontecimientos desde la presión en favor del domingo hasta el fin del tiempo de prueba.-

"Hasta ahora se ha solido considerara los predicadores de las verdades que contiene el mensaje del tercer ángel como meros alarmistas. Sus predicciones de que la intolerancia religiosa adquiriría dominio en los Estados Unidos de Norteamérica, de que la Iglesia y el Estado se unirían en ese país para perseguir a los observadores de los mandamientos de Dios, han sido declaradas absurdas y sin fundamento... Pero, a medida que se va agitando más ampliamente la cuestión de la observancia obligatoria del domingo, se ve acercarse la realización del acontecimiento hasta ahora tenido por inverosímil, y el mensaje del tercer ángel producirá un efecto que no habría podido producir antes...

Cuando[5] llegue el tiempo de [predicar el mensaje del tercer ángel] con el mayor poder, el Señor obrará por conducto de humildes instrumentos, dirigiendo el espíritu de los que se consagren a su servicio... Habrá hombres de fe y de oración que se sentirán impelidos a declarar con santo entusiasmo las palabras que Dios les inspire. Los pecados de Babilonia serán denunciados. Los resultados funestos y espantosos de la imposición de las observancias de la iglesia por la autoridad civil, las invasiones del espiritismo, los progresos secretos pero rápidos del poder papal, todo será desenmascarado. Estas solemnes amonestaciones conmoverán al pueblo. Miles y miles de personas que nunca habrán oído palabras semejantes, las escucharán. Admirados y confundidos, oirán el testimonio de que Babilonia es la iglesia que cayó por sus errores y sus pecados... Cuando el pueblo acuda a sus antiguos conductores espirituales a preguntarles con ansia: ¿Son esas cosas así? los ministros aducirán fábulas, profetizarán cosas agradables para calmar los temores y tranquilizar las conciencias despertadas. Pero como muchas personas no se contentan con las meras razones de los hombres y exigen un positivo 'Así dice Jehová', los ministros populares... airándose al ver que se pone en duda su autoridad, denunciarán el mensaje como si viniese de Satanás e incitarán a las multitudes dadas al pecado a que injurien y persigan a los que lo proclaman.

Satanás se pondrá alerta al ver que la controversia se extiende a nuevos campos y que la atención del pueblo es dirigida a la pisoteada ley de Dios.[6] El poder que acompaña a la proclamación del mensaje sólo desesperará a los que se le oponen. El clero hará esfuerzos casi sobrehumanos para sofocar la luz por temor de que alumbre a sus rebaños. Por todos los medios a su alcance los ministros tratarán de evitar toda discusión sobre esas cuestiones vitales. La iglesia apelará al brazo poderoso de la autoridad civil[7] y en esta obra los papistas y los protestantes irán unidos.[8] Al paso que el movimiento en favor de

---

[4] Hay dos tiempos de angustia. Uno ocurre antes del final del tiempo de prueba, y el otro sobreviene después del tiempo de prueba. Suele llamarse al primer periodo el 'pequeño tiempo de angustia'. Tal vez sería más propio llamarlo 'tiempo de angustia preliminar', en vista del hecho de que el gran tiempo de angustia, cuando las plagas se derramen, sobreviene más tarde. El tiempo de angustia preliminar continúa durante 'un corto período'. Es seguido por 'un tiempo de angustia cual no lo hubo nunca' (PE:36), el cual será 'muy breve' (1T:204), posiblemente por comparación.

[5] El adverbio temporal 'cuando', que aparece en varios lugares de las páginas 663 a 670 de El Conflicto de los Siglos, conecta la secuencia de eventos futuros en orden cronológico desde el presente hasta el final del tiempo de prueba.

[6] Este, aparentemente, es el comienzo del tiempo de angustia temprano, cuando los siervos de Dios se levantan para proclamar "más plenamente el sábado" (PE 33).

[7] El hecho de que la iglesia busca el apoyo del fuerte brazo del poder civil implica que la presión que busca una legislación en favor del domingo está teniendo éxito.

[8] Esta unión de "papistas y protestantes" nos ayuda a ubicar este evento en relación con los demás eventos en una cronología de causa y efecto de los acontecimientos finales. Así, por ejemplo, "Cuando nuestra nación abjure de tal manera de los principios de su gobierno que promulgue una ley dominical, en este acto el protestantismo dará la mano al papismo" (2JT:318).

la imposición del domingo se vuelva más audaz y decidido, la ley será invocada contra los que observan los mandamientos. Se los amenazará con multas y encarcelamientos; a algunos se les ofrecerán puestos de influencia y otras ventajas para inducirlos a que renuncien a su fe... Los que serán emplazados ante los tribunales defenderán enérgicamente la verdad, y algunos de los que los oigan serán inducidos a guardar todos los mandamientos de Dios. Así la luz llegará ante millares de personas que de otro modo no sabrían nada de estas verdades...

Cuando los defensores de la verdad se nieguen a honrar el domingo, unos serán echados en la cárcel, otros serán desterrados y otros aún tratados como esclavos. Ante la razón humana todo esto parece ahora imposible; pero a medida que el espíritu refrenador de Dios se retire de los hombres y éstos sean dominados por Satanás... se verán cosas muy extrañas...

Conforme vaya acercándose la tempestad, muchos que profesaron creer en el mensaje del tercer ángel, pero que no fueron santificados por la obediencia a la verdad, abandonarán su fe, e irán a engrosar las filas de la oposición. Uniéndose con el mundo y participando de su espíritu, llegarán a ver las cosas casi bajo el mismo aspecto; así que cuando llegue la hora de prueba estarán preparados para situarse del lado más fácil y de mayor popularidad. Hombres de talento y de elocuencia, que se gozaron un día en la verdad, emplearán sus facultades para seducir y descarriar almas. Se convertirán en los enemigos más encarnizados de sus hermanos de antaño. Cuando los observadores del sábado sean llevados ante los tribunales para responder de su fe, estos apóstatas serán los agentes más activos de Satanás para calumniarlos y acusarlos de falsos informes e insinuaciones.

En aquel tiempo de persecución la fe de los siervos de Dios será probada duramente. Proclamaron fielmente la amonestación mirando tan sólo a Dios y a su Palabra. El Espíritu de Dios, que obraba en sus corazones, les constriñó a hablar. Estimulados por santo celo e impulso divino, cumplieron su deber y declararon al pueblo las palabras que de Dios recibieron sin detenerse en calcular las consecuencias. No consultaron sus intereses temporales ni miraron por su reputación o sus vidas.

Sin embargo, cuando la tempestad de la oposición y del vituperio estalle sobre ellos, algunos, consternados, estarán listos para exclamar: "Si hubiésemos previsto las consecuencias de nuestras palabras, habríamos callado". Estarán rodeados de dificultades. Satanás los asaltará con terribles tentaciones. La obra que habrán emprendido parecerá exceder en mucho sus capacidades. Los amenazará la destrucción. El entusiasmo que les animara se desvanecerá; sin embargo no podrán retroceder. Y entonces, sintiendo su completa incapacidad, se dirigirán al Todopoderoso en demanda de auxilio. Recordarán que las palabras que hablaron no eran las suyas propias, sino las de Aquel que les ordenara dar la amonestación al mundo...

Conforme va revistiendo la oposición un carácter más violento, los siervos de Dios se ponen de nuevo perplejos, pues les parece que son ellos mismos los que han precipitado la crisis; pero su conciencia y la Palabra de Dios les dan la seguridad de estar en lo justo; y aunque sigan las pruebas se sienten robustecidos para sufrirlas. La lucha se encona más y más, pero la fe y el valor de ellos aumentan con el peligro...

Pero mientras Jesús siga intercediendo por el hombre en el santuario celestial, los gobernantes y el pueblo seguirán sintiendo la influencia refrenadora del Espíritu Santo... Mientras que muchos de nuestros legisladores son agentes activos de Satanás, Dios tiene también los suyos entre los caudillos de la nación... Es así como unos cuantos hombres contienen una poderosa corriente de mal. La oposición de los enemigos de la verdad será coartada para que el mensaje del tercer ángel pueda hacer su obra.[9]

Cuando la amonestación final sea dada, cautivará la atención de aquellos caudillos por medio de los cuales el Señor está obrando en la actualidad, y algunos de ellos la aceptarán y estarán con el pueblo de Dios durante el tiempo de angustia.

En 5T: 451 se comenta acerca de este evento decisivo: "Cuando el protestantismo extienda la mano a través del abismo para asir la mano del poder romano, cuando se incline por encima del abismo para darse de la mano con el espiritismo, cuando, bajo la influencia de esta triple unión nuestro país repudie todo principio de su constitución como gobierno protestante y republicano, y haga provisión para la propagación de las mentiras y seducciones papales, entonces sabremos que ha llegado el tiempo en que se verá la asombrosa obra de Satanás, y que el fin está cerca" (2JT:151).

[9] Notemos que la amonestación final no se ha dado hasta este momento, pero "se dará". Entonces, la "amonestación final" se produce al *final* de la secuencia de eventos bosquejados en el CS:663-670, mientras que la "amonestación" se produce al comienzo de esta secuencia.

El ángel que une su voz[10] a la proclamación del tercer mensaje, alumbrará toda la tierra con su gloria. Así se predice una obra de extensión universal y de poder extraordinario... Esta obra será semejante a la que se realizó en el día de Pentecostés. Como la "lluvia temprana" fue dada en tiempo de la efusión del Espíritu Santo al principio del ministerio evangélico, para hacer crecerla preciosa semilla, así la "lluvia tardía" será dada al final de dicho ministerio para hacer madurar la cosecha...

La gran obra de evangelización no terminará con menor manifestación del poder divino que la que señaló el principio de ella... Vendrán siervos de Dios con semblantes iluminados y resplandecientes de santa consagración, y se apresurarán de lugar en lugar para proclamar el mensaje celestial. Miles de voces predicarán el mensaje por toda la tierra.[11] Se realizarán milagros, los enfermos sanarán y signos y prodigios seguirán a los creyentes. Satanás también efectuará sus falsos milagros, al punto de hacer caer fuego del cielo a la vista de los hombres. Es así como los habitantes de la tierra tendrán que decidirse en pro o en contra de la verdad. El mensaje no será llevado adelante tanto con argumentos como por medio de la convicción profunda inspirada por el Espíritu de Dios. Los argumentos ya fueron presentados. Sembrada está la semilla, y brotará y dará frutos. Las publicaciones distribuidas por los misioneros han ejercido su influencia; sin embargo, muchos cuyo espíritu fue impresionado han sido impedidos de entender la verdad por completo o de obedecerla. Pero entonces los rayos de luz penetrarán por todas partes, la verdad aparecerá en toda su claridad, y los sinceros hijos de Dios romperán las ligaduras que los tenían sujetos. Los lazos de familia y las relaciones de la iglesia serán impotentes para detenerlos. La verdad les será más preciosa que cualquier otra cosa. A pesar de los poderes coligados contra la verdad, un sinnúmero de personas se alistará en las filas del Señor. **CS:663-670**.

"Cuando termine el mensaje del tercer ángel, la misericordia divina no intercederá más por los habitantes culpables de la tierra. El pueblo de Dios habrá cumplido su obra; habrá recibido "la lluvia tardía", el "refrigerio de la presencia del Señor", y estará preparado para la hora de prueba que le espera... Un ángel que regresa de la tierra anuncia que su obra está terminada; el mundo ha sido sometido a la prueba final, y todos los que han resultado fieles a los preceptos divinos han recibido "el sello del Dios vivo". Entonces Jesús dejará de interceder en el santuario celestial. **CS:671**.

El fin del tiempo de prueba.-

"Es en la crisis cuando se revela el carácter... La gran prueba final viene a la terminación del tiempo de gracia, cuando será demasiado tarde para que la necesidad del alma sea suplida". **PVGM:339**.

"Los justos y los impíos continuarán viviendo en la tierra en su estado mortal, los hombres seguirán plantando y edificando, comiendo y bebiendo, inconscientes todos ellos de que la decisión final e irrevocable ha sido pronunciada en el santuario celestial.[12] Antes del diluvio, después que Noé hubo entrado en el arca, Dios le encerró en ella, dejando fuera a los impíos; pero por espacio de siete días el pueblo, no sabiendo que su suerte estaba decidida, continuó en su indiferente búsqueda de placeres y se mofó de las advertencias del juicio que le amenazaba. "Así --dice el Salvador— será también la venida del Hijo del hombre [Mat. 24:39]". Inadvertida como ladrón a medianoche, llegará la hora decisiva que fija el destino de cada uno, cuando será retirado definitivamente el ofrecimiento de la gracia que se dirigiera a los culpables. **CS:545**.

---

[10] El ángel que se une al tercer ángel y "alumbra toda la tierra con su gloria", es el ángel de Apocalipsis 18. Está aquí en conexión con la "lluvia tardía", la que en PE:86 se dice que proporciona "poder a la voz fuerte del tercer ángel".

[11] Notemos que vendrá aflicción sobre la tierra y las naciones se airarán, pero "serán mantenidas en jaque para que no impidan la realización de la obra del tercer ángel", y que es en este tiempo cuando "descenderá la 'lluvia tardía'... para dar poder a la voz fuerte del tercer ángel" (PE 85-86).

El refrenamiento de las naciones airadas se describe en PE:38, como la retención de los cuatro vientos después que los ángeles habían comenzado a soltarlos. Esta retención es lo que permite al pueblo de Dios proclamar la "amonestación final" (CS:669). Esto sugiere claramente que habrá un breve período de alivio de las dificultades que habían estado afligiendo la tierra mientras se daba la "amonestación final". (Ver CS:545).

[12] Durante el tiempo de angustia preliminar, los cuatro ángeles que retienen los vientos comienzan a soltarlos, pero Jesús ve que no todos en su pueblo están sellados, de modo que comisiona a otro ángel que ordene a los cuatro ángeles que retengan los vientos hasta que todo el remanente esté sellado (PE:38). Durante el período de calma que sigue, los ángeles vuelven a sujetar los vientos. Entonces, "las naciones estarán airadas contra el pueblo de Dios, pero serán mantenidas en jaque para que no impidan la obra del tercer ángel. En ese tiempo la lluvia tardía... se derramará para dar poder a la voz fuerte del tercer ángel, y preparara los santos para que permanezcan firmes en el período cuando se derramen las siete plagas". Los impíos atribuyen este período de calma al hecho de que por fin promulgaron una ley universal contra el sábado, cuando en realidad la calma es el resultado de la orden dada por Jesús a los ángeles que retienen los vientos de las dificultades.

"Vi que este mundo estaba adormecido en la cuna de la seguridad, para que las comunicaciones no se interrumpieran de un lugar a otro, y que los mensajeros dispusieran de todo el tiempo necesario para llevar el mensaje a los hijos de Dios, y para que los recibieran y fueran sellados con el sello del Dios viviente, y estuvieran preparados para pasar por el tiempo de angustia como nunca lo ha habido. Vi que tiene que haber un tiempo de paz para que los siervos de Dios hagan su obra por las almas. **6ML:170**.

"El tiempo de gracia terminará poco antes de que el Señor aparezca en las nubes de los cielos". **CS:545**.

El gran tiempo de angustia y el decreto de muerte.-

"Los impíos han dejado concluir su tiempo de gracia; el Espíritu de Dios, al que se opusieran obstinadamente, acabó por apartarse de ellos. Desamparados ya de la gracia divina, están a merced de Satanás, el cual sumirá entonces a los habitantes de la tierra en una gran tribulación final.[13] Cuando los ángeles de Dios dejen ya de contener los vientos violentos de las pasiones humanas, todos los elementos de conflicto se desencadenarán". **CS:671**.

"Un ángel tras otro, en rápida sucesión, derramarán las copas de la ira sobre los habitantes de la tierra". **ST, 17 de Enero de 1900**.

"Cuando Jesús salga del lugar santísimo, su Espíritu refrenador se retirará de los gobernantes y del pueblo. Estos quedarán bajo el dominio de los ángeles malos. Entonces, por consejo y dirección de Satanás[14], se harán leyes tales que, a menos que el tiempo sea muy corto, no se salvará ninguna carne". **1JT:75**.

"Estas plagas enfurecieron a los malvados contra los justos, pues los primeros pensaron que habíamos atraído los juicios de Dios sobre ellos, y que si podían raernos de la tierra las plagas se detendrían. Se promulgó un decreto para matar a los santos, lo cual los hizo clamar día y noche por su libramiento. Este fue el tiempo de la angustia de Jacob". **PE:36-37**.

"Por terribles que sean estos castigos, la justicia de Dios está plenamente vindicada. El ángel de Dios declara: "Justo eres tú, oh Señor,... porque has juzgado estas cosas: porque ellos derramaron la sangre de los santos y de los profetas, también tú les has dado a beber sangre; pues lo merecen." (Apoc. 16:2-6). Al condenar a muerte al pueblo de Dios, los que lo hicieron son tan culpables de su sangre como si la hubiesen derramado con sus propias manos". **CS:686**.

"Por más que un decreto general haya fijado el tiempo en que los observadores de los mandamientos puedan ser muertos, sus enemigos, en algunos casos, se anticiparán al decreto y tratarán de quitarles la vida antes del tiempo fijado". **CS:689**.

"Cuando los que honran la ley de Dios hayan sido privados de la protección de las leyes humanas, empezará en varios países un movimiento simultáneo para destruirlos. Conforme vaya acercándose el tiempo señalado en el decreto, el pueblo conspirará para extirpar la secta aborrecida. Se convendrá en dar una noche el golpe decisivo, que reducirá completamente al silencio la voz disidente y represora". **CS:693**.

"Es a medianoche cuando Dios manifiesta su poder para librar a su pueblo. Sale el sol en todo su esplendor. Sucédense señales y prodigios con rapidez. Los malos miran la escena con terror y asombro, mientras los justos contemplan con gozo las señales de su liberación". **CS:694**.

"Pronto oímos la voz de Dios, semejante al ruido de muchas aguas, que nos anunció el día y la hora de la venida de Jesús".[15] **PE:15**.

"El tiempo de gracia termina poco antes de la aparición del Señor en las nubes del cielo". **RH, 9 de Noviembre de 1905**.

"Al terminar su obra allí y cesar su intercesión.., detúvose un momento[16] Jesús en el departamento exterior del santuario celestial, y los pecados confesados mientras él estuvo en el lugar santísimo fueron

---

[13] Esta entrada en la gran angustia final ocurre al final de la breve calma que sigue a la terminación del tiempo de gracia mencionado en el CS:545.

[14] Las "leyes" a que aquí se refiere son el decreto "general" [o "universal" (PR:376)], que fija el tiempo cuando los observadores de los mandamientos serán ejecutados (CS:689).

[15] "Pero el día y la hora de su venida, Cristo no los ha revelado... El tiempo exacto de la segunda venida del Hijo del hombre es un misterio de Dios". **DTG:586**.

[16] Jesús no sale del cielo inmediatamente después que termina el tiempo de gracia. En cambio demora "un momento" en el aposento exterior del santuario, mientras los pecados que Satanás ha inducido al pueblo de Dios a cometer, pero que ante-

asignados a Satanás... Entonces vi que Jesús se despojaba de sus vestiduras sacerdotales y se revestía de sus más regias galas... Rodeado de la hueste angélica, dejó el cielo. Las plagas estaban cayendo sobre los moradores de la tierra. **PE:280-281.**

"Vi una nube flamígera que se aproximó al lugar donde Jesús se encontraba, mientras él se despojaba de sus ropas sacerdotales y se vestía con su ropaje eminentemente real, tras lo cual ocupa su lugar en la nube, la que lo transporta al oriente donde aparece primero a los santos en la tierra; se trata de una pequeña nube negra, que es la señal del Hijo del Hombre. Mientras la nube pasa del Lugar Santísimo hasta el oriente, lo que demora cierto número de días,[17] la sinagoga de Satanás adora a los pies de los santos". **DS, 14 de Marzo de 1846.**

Secuencia integrada sugerente de los eventos venideros:[18]
El espíritu de profecía parece sugerirla siguiente secuencia de causa y efecto de los eventos venideros:

1.- Mientras las naciones se están airando y durante el tiempo que están airadas, los elementos de conflicto son mantenidos en jaque por los ángeles.

a. Comienza la agitación de los que exigen la promulgación de una ley que ponga en vigencia la observancia del domingo en los Estados Unidos.

b. Hombres de fe y oración, constreñidos por Dios, denuncian los pecados de la Babilonia espiritual y exponen los avances del espiritismo y el progreso disimulado del papado.

c. Millones de personas, asombradas al oír esas palabras, acuden a sus maestros religiosos, quienes procuran calmar sus preocupaciones con palabras tranquilizadoras.

d. Muchos no quedan satisfechos con estas expresiones de seguridad tranquilizadoras y exigen un "Así dice Jehová".

e. El ministerio popular, airado porque su autoridad es cuestionada, agita a las multitudes amantes del pecado para que persigan a los servidores de Dios.

f. El conflicto se extiende a la ley de Dios.

g. El pueblo de Dios proclama el sábado con más plenitud.

h. El ministerio popular efectúa arduos esfuerzos para suprimir la discusión del asunto en litigio.

i. Estados Unidos abjura de los principios de su gobierno al promulgar una ley dominical cuando los papistas y los protestantes se unen en una causa común.

j. El protestantismo norteamericano apóstata busca el apoyo del fuerte brazo del poder civil.

k. La ley del día de reposo dominical es invocada en perjuicio de los observadores del sábado.

1. Comienza la persecución.

m. Los adventistas mundanos se pasan a las filas del enemigo, y la mayoría nos olvida.

n. Los observadores del sábado, amenazados de muerte, se vuelven a Dios en busca de ayuda y son fortalecidos.

ñ. Mientras Cristo permanece en el santuario celestial, el Espíritu Santo restringe la persecución para que no impida la obra de proclamar el mensaje del tercer ángel, y algunos dirigentes se deciden en favor del mensaje influidos por la última amonestación.

o. El ángel de Apocalipsis 18, que representa el derramamiento de la lluvia tardía, desciende para dar mayor poder aún a la proclamación en alta voz del mensaje del tercer ángel.

p. La gran prueba final se presenta cerca del fin del tiempo de gracia cuando el mensaje del tercer ángel se termina de proclamar triunfalmente.

---

riormente han sido confesados y perdonados, son colocados sobre la cabeza del chivo emisario. Parece que este "momento" de demora corresponde al breve período de calma que antecede al derramamiento de las plagas (CS:545). Es después de esto cuando Cristo se despoja de sus vestiduras sacerdotales y se reviste de sus más regias galas. Mientras las plagas se están derramando, Jesús deja el cielo rodeado de la hueste angélica. El "número de días" durante los cuales la nube que transporta a Jesús pasa del Lugar Santísimo hasta el oriente, donde primero aparece a los santos de la tierra" (DS, 14 de Marzo de 1846), al parecer corresponde al período "muy corto" entre el decreto de muerte y la segunda venida.

[17] La expresión "un número de días" es un periodo indefinido que no alienta a nadie para que procure calcular el día y la hora de la venida de Jesús. Se nos ha dado abundante información que puede ayudarnos a correlacionar la cronología de causa y efecto de los eventos venideros. Esta información puede permitirnos darnos cuenta del "firme curso de los acontecimientos ordenados por él" (5T:17), y debiera animarnos a fin de que nos preparemos para la venida de nuestro Señor.

[18] Aquí sólo se sugiere la secuencia de los eventos; podría ser que éstos no ocurran exactamente en el orden sugerido, pero representa lo mejor que el compilador de estas declaraciones del espíritu de profecía pudo realizar en el momento presente.

q. Se produce un breve período de calma en las calamidades que acompañan la prueba final, durante la cual el mensaje del tercer ángel triunfa gloriosamente.

r. Esta calma continúa brevemente después que termina el tiempo de gracia, mientras Cristo coloca los pecados confesados y perdonados del pueblo de Dios sobre la cabeza de Satanás.

2.- Después de este breve período de calma, todos los elementos de contienda son liberados, y Satanás lanza a los habitantes del mundo a una gran aflicción final.

a. Las siete últimas plagas se derraman en rápida sucesión, una tras otra, sin tregua.

b. Los impíos se llenan de ira a causa de las plagas y promulgan un decreto de muerte universal contra el pueblo de Dios, probablemente durante la segunda plaga.

c. Este decreto de muerte fija el tiempo para la ejecución de los fieles a una medianoche determinada.

d. Como retribución por condenara muerte al pueblo de Dios, se da a beber sangre a los impíos, cuando las fuentes de las aguas se convierten en sangre.

e. El intervalo entre el decreto de muerte y la liberación es llamado el "tiempo de la angustia de Jacob", durante el cual el pueblo de Dios clama a él en busca de liberación.

f. Después de colocar los pecados confesados sobre la cabeza de Satanás, transcurre un cierto número de días mientras Cristo sale del Lugar Santísimo y se dirige hacia el oriente, donde los santos lo ven primero.

g. La voz de Dios se oye a la medianoche y anuncia la liberación de su pueblo.

h. Los impíos son sorprendidos en la acción demente de tratar de asesinar al pueblo que espera ansiosamente la protección de Dios.

i. Repentinamente, en medio de la noche, el sol aparece radiante, y señales y portentos siguen en rápida sucesión.

j. La voz de Dios anuncia el día y la hora de la venida de Jesús.

3.- Aparece una pequeña nube negra que aumenta en esplendor y gloria a medida que se acerca a la tierra desde el oriente trayendo a Jesús.

Capítulo 2: Preparación para la Crisis Inminente.

Revelaciones bíblicas concernientes al futuro.-
"Este habitará en las alturas; fortaleza de rocas será su lugar de refugio; se le dará su pan, y sus aguas serán seguras". **Isa. 33:16.**
"Y los reyes de la tierra, y los grandes, los ricos, los capitanes, los poderosos, y todo siervo y todo libre, se escondieron en las cuevas y entre las peñas de los montes; y decían a los montes y a las peñas: Caed sobre nosotros, y escondednos del rostro de aquel que está sentado sobre el trono, y de la ira del Cordero; porque el gran día de su ira ha llegado; ¿y quién podrá sostenerse en pie?". **Apoc. 6:15-17.** (Compárese con Isa. 2:19-21).

Representación simbólica de un período de transición.-
"Soñé que estaba con una gran compañía de gente. Una parte de esta congregación empezó a prepararse para un viaje. Teníamos carretas muy cargadas. Mientras viajábamos, parecía que el camino ascendía. A un lado de este camino había un profundo precipicio; al otro había un alto y liso muro blanco, con la terminación dura de paredes revocadas...
A medida que avanzábamos, la senda seguía estrechándose. Nos vimos obligados a marchar muy cerca del muro, para evitar caer del angosto camino en el profundo precipicio. Cuando hacíamos esto, el equipaje que llevaban los caballos presionaba contra la pared y nos impelía hacia el precipicio. Temíamos caer y estrellarnos contra las rocas. Entonces soltamos el equipaje de los caballos, que cayó al precipicio. Seguimos a caballo, y cuando llegábamos a los lugares más angostos del camino, sentíamos gran temor de perder el equilibrio y caer. En esos momentos, parecía que una mano tomaba la brida y nos guiaba en el camino peligroso.
Cuando la senda se hacía más angosta, decidimos que ya no podíamos seguir con seguridad. Dejamos los caballos y continuamos a pie, en una sola fila, cada uno siguiendo las pisadas del otro. En este punto, pequeñas cuerdas descendieron desde lo alto del muro blanco; nos asimos de ellas firmemente, para ayudarnos a mantenernos en equilibrio sobre la senda. Mientras avanzábamos, el cordón avanzaba con nosotros. Finalmente la senda se hizo tan angosta que llegamos a la conclusión de que viajaríamos más seguros sin zapatos, así que los quitamos y continuamos sin ellos. Pronto vimos que podíamos viajar más seguros sin las medias; nos las quitamos y seguimos descalzos.
Entonces pensamos en los que no estaban acostumbrados a las privaciones y penurias. ¿Dónde estaban ahora? No estaban en el grupo. A cada cambio algunos quedaban atrás, y seguían sólo los que se habían acostumbrado a soportar penurias. Las privaciones del camino sólo los hacían más deseosos de esforzarse hasta el final.
El peligro de caer de la senda aumentaba. Nos apoyábamos fuertemente contra el muro, sin embargo no podíamos apoyar nuestros pies del todo sobre la senda, porque era demasiado angosta. Entonces suspendíamos casi todo nuestro peso de las cuerdas y exclamábamos: "¡Nos sostienen desde arriba! ¡Nos sostienen desde arriba!" Toda la compañía que avanzaba por la senda angosta pronunció las mismas palabras. Cuando escuchamos las risas y la jarana que parecían venir del abismo nos estremecimos. Escuchamos canciones de guerra y canciones de danza. Escuchamos música instrumental y fuertes risas, mezcladas con maldiciones, gritos de angustia y amargos lamentos, y nos sentimos más ansiosos que nunca de seguir en nuestro angosto y difícil camino. Gran parte del tiempo nos veíamos obligados a suspender todo nuestro peso de las cuerdas, que aumentaban de tamaño a medida que avanzábamos.
Noté que el hermoso muro blanco estaba manchado de sangre. Daba lástima ver el muro así manchado. Sin embargo, ese sentimiento duró sólo un momento... Los que vienen detrás sabrán que otros han pasado por el camino angosto y difícil antes que ellos, y llegarán a la conclusión de que si otros pudieron avanzar, ellos podrán hacer lo mismo. Y cuando sus doloridos pies sangren, no desmayarán desalentados, sino que al ver la sangre sobre el muro, sabrán que otros han soportado el mismo dolor.
Al fin llegamos a un gran abismo, donde terminó nuestra senda. Ahora no había nada allí que guiara nuestros pasos, nada donde descansar nuestros pies. Toda nuestra dependencia estaba en las cuerdas, que habían aumentado de tamaño hasta llegara ser tan grandes como nuestro cuerpo. Aquí por un tiempo nos sentimos perplejos y angustiados. Preguntamos en temerosos susurros: ¿A qué está sujeta

la cuerda?" Mi esposo estaba justo delante de mí. Grandes gotas de sudor caían de su frente; las venas del cuello y las sienes habían aumentado al doble de su tamaño normal, y sofocados y agonizantes lamentos brotaban de sus labios. El sudor corría por mi rostro, y sentí tal angustia cual nunca había sentido antes. Nos esperaba un tremendo esfuerzo. Si fallábamos aquí todas las dificultades de nuestro Maje habrían sido en vano.

Ante nosotros, del otro lado del abismo, había un hermoso campo de verde gramilla... No veíamos el sol, pero suaves y brillantes rayos de luz semejantes a oro y plata finos descendían sobre esta campiña. Nada que hubiera visto jamás sobre la tierra podía compararse en belleza y gloria con esta pradera. Pero ¿podríamos alcanzarla? era nuestra inquietante pregunta... Por un momento vacilamos antes de aventurar una respuesta. Luego exclamamos: "Nuestra única esperanza consiste en confiar plenamente en la cuerda…".

Mi esposo entonces se abalanzó sobre el tremendo abismo y saltó a la hermosa campiña que estaba más allá- Inmediatamente lo seguí yo. ¡Oh, qué sensación de alivio y gratitud a Dios sentimos!". **2T:594-597**.

"En el último gran conflicto de la controversia con Satanás, los que sean leales a Dios se verán privados de todo apoyo terrenal. Porque se niegan a violar su ley en obediencia a las potencias terrenales, se les prohibirá comprar o vender. Finalmente será decretado que se les dé muerte". **DTG:97**.

Las condiciones mundiales son ominosas.-
"El tiempo actual es de un interés abrumador para todos. Dirigentes v estadistas, hombres que ocupan posiciones de confianza y autoridad, hombres pensadores y mujeres de toda condición, tienen su atención concentrada en los acontecimientos que están ocurriendo a nuestro alrededor. Observan las relaciones tensas e impacientes que existen entre las naciones. Observan la intensidad que se está apoderando de todos los elementos terrenos, y reconocen que algo grandioso y decisivo está por ocurrir — que el mundo se encuentra al borde de una crisis de estupendas proporciones". **RH, 13 de Noviembre de 1905**.

"Los que manejan las riendas del gobierno son incapaces de resolver el problema de la corrupción moral, la pobreza, la indigencia y el crimen en aumento. Luchan en vano por colocar las operaciones comerciales sobre una base más segura". **9T:143**.

"El Espíritu de Dios se está retirando de la tierra, y una calamidad sigue a otra por tierra y mar... No hay seguridad en nada que sea humano o terrenal. Rápidamente los hombres se están colocando bajo la bandera que han escogido". **DTG:590**.

"Todos se están agrupando bajo sus respectivos estandartes; todos se están preparando para un acontecimiento portentoso; todos observan para ver la llegada del amanecer. Un grupo está velando y esperando a su Señor, mientras que el otro grupo está esperando lo que Lucifer pueda llevar a cabo con su poder obrador de maravillas". **Carta 102, 1886**.

Predicción de profundos cambios sociales.-
"Mientras las iglesias protestantes han estado buscando el favor del mundo, una falsa caridad las ha cegado. Se figuran que es justo pensar bien de todo mal; y el resultado inevitable será que al fin pensarán mal de todo bien". **CS:628**.

"Poco a poco disminuirán los vínculos fraternales que unen a los seres humanos. El egoísmo atávico de los seres humanos será manipulado por Satanás. El usará las voluntades desenfrenadas y las pasiones violentas que nunca fueron colocadas bajo el control de la voluntad de Dios". **14ML:146-147**.

Qué hacer y qué no hacer en caso de persecución.-
"Aquellos que componen nuestras iglesias tienen rasgos de carácter que los inducirán, si no son muy cuidadosos, a sentirse indignados porque... les es quitada su libertad de trabajar en domingo. No montéis en cólera por este asunto, sino llevad todo a Dios en oración. Sólo él puede restringir el poder de los gobernantes. No os conduzcáis precipitadamente. Que nadie se jacte imprudentemente de su libertad, usándola como un manto de malicia, sino como siervos de Dios, "honrada todos. Amada los hermanos. Temed a Dios. Honrad al rey" [1 Pedro 2:17]". **EUD:141**.

"Un hombre indiscreto, temperamental, y voluntarioso causará daño en el importante problema que nos confrontará [el domingo contra el sábado]. Sí, dejará una impresión de tal naturaleza que toda la fuerza de los adventistas del séptimo día no podrá contrarrestar sus actos de presunción, porque Satanás, el archiengañador, el gran rebelde, está engañando las mentes para que no capten el verdadero sentido de este problema ni sus consecuencias eternas". **1888M:482.**

"Si el pago de una fianza puede librara nuestros hermanos de las manos de estos opresores, que se la pague". **ATO:38.**

"Cuando corra peligro a causa del espíritu de persecución, busque un refugio diferente". **RH, 03 de Mayo de 1892.**

La esclavitud en los últimos días.-

"La esclavitud volverá a revivir en los Estados del sur [Estados Unidos]; porque el espíritu de la esclavitud vive aún... Algunas personas impulsivas aprovecharán la oportunidad de desafiar las leyes dominicales, y por ese presuntuoso desafío a sus opresores acarrearán mucha aflicción sobre sí mismas". **2ML:299-300.**

"He recibido instrucción de decir a nuestros miembros que viven en las ciudades del sur [de los Estados Unidos], que hagan todas las cosas en el temor del Señor... Satanás... está haciendo todo lo posible para que se promulgue una ley dominical que producirá como resultado esclavitud en el campo del sur, y cerrará la puerta para los verdaderos observadores del sábado". **1ML:397.**

"Si la gente de color de los Estados del sur... trabaja en domingo, entrará en efervescencia un prejuicio irrazonable e injusto. Los jueces y los jurados, abogados y ciudadanos, si tienen oportunidad, llegarán a decisiones que los envolverán con observancias que les producirán gran sufrimiento, no sólo a los que ellos consideran culpables de desobedecer las leyes de su Estado, sino toda la gente de color será colocada en una posición de vigilancia y bajo un trato cruel de parte de los blancos, lo cual equivaldrá a una esclavitud".[19] **1ML:397.**

"Pero muchos seres humanos de todas las naciones y de todas clases, grandes y pequeños, ricos y pobres, negros y blancos, serán arrojados en la más injusta y cruel servidumbre". **CS:684.**

Condiciones económicas y pérdidas materiales en los últimos días.-

"El pueblo de Dios debiera actuar sabiamente y no dejar nada sin hacer para colocar los negocios de la iglesia en un estado seguro. Después de haber tomado todas las precauciones, debéis confiaren que el Señor ejerza su poder en vuestro favor, para que Satanás no tome ventaja del pueblo remanente de Dios". **Carta 321, 1892.**

"Se producirán numerosos fracasos inesperados en los bancos terrenales y en especulaciones, incluyendo minería y bienes raíces". **13ML:236.**

"El dinero pronto perderá su valor repentinamente cuando la realidad de las escenas eternas se despliegue ante los sentidos del hombre".[20] **TrueM, 01 de Enero de 1874.**

"El Señor ha mostrado... que sería contrario a la Biblia el hacer cualquier provisión para nuestras necesidades temporales durante el tiempo de angustia. Vi que si los santos guardaran alimentos almacenados o en el campo en el tiempo de angustia, cuando hubiese en la tierra, guerra, hambre y pestilencia, manos violentas se los arrebatarían y extraños segarían sus campos. Será entonces tiempo en que habremos de confiar por completo en Dios, y él nos sostendrá. Vi que nuestro pan y nuestras aguas nos estarán asegurados en aquel tiempo, y no sufriremos escasez ni hambre.

El Señor me ha mostrado que algunos de sus hijos temerán cuando vean subir el precio de los alimentos, y comprarán alimentos y los guardarán para el tiempo de angustia. Entonces, al surgir la necesidad, los vi ir en procura de su alimento y contemplarlo: Había criado gusanos, estaba lleno de insectos, y *no servía"*. **Maranata:179 (Broadside 2, 1849).**

"Los bienes legados a hijos o familiares que crean en la verdad presente serán entregados a otras manos. Los tutores privarán a los huérfanos y a las viudas de sus legítimas asignaciones. Los que se aparten del mal se constituirán en víctimas de las leyes decretadas para dominar las conciencias. Los hombres se apoderarán de bienes sobre los cuales no tienen derecho. **Maranata:195.**

---

[19] La esclavitud que Elena G. de White predice que ocurrirá en los Estados del sur de Estados Unidos, aparentemente será de una naturaleza diferente que la que fue impuesta a los negros antes de la Guerra Civil. Al parecer la esclavitud anticipada se dirigirá en primer término contra los observadores del sábado.

[20] Tal vez esto debiera decirnos algo acerca de cómo debiéramos invertir nuestros recursos financieros antes que sobrevenga esta crisis financiera. (Ver Mat. 6:19-20 y Santiago 5:1-3).

"Abandonad los materiales de lectura sin ~ y estudiad la Palabra de Dios. Poned en la memoria sus preciosas promesas para que cuando seamos privados de nuestras Biblias?[21] Aun así podamos tener la Palabra de Dios. **1OML:298**.

Predicción de problemas con las uniones laborales.-
"El unionismo... está controlado por el cruel poder de Satanás. Los que rehúsan unirse a las uniones formadas son obligados a sentir este poder. Los principios que gobiernan la organización de estas uniones parecen inocentes, pero los hombres tienen que comprometerse a servir a los intereses de estas uniones...

"Los hombres están siendo atados en gavillas listas para ser quemadas. Es posible que sean miembros de iglesia, pero mientras pertenecen a estas uniones, no pueden obedecer los mandamientos de Dios, porque pertenecer a estas uniones implica descuidar el Decálogo entero". **4ML:75**.

"Las uniones laborales serán una de las agencias que traerán sobre esta tierra un tiempo de angustia como no ha habido desde la creación del mundo". **CL:10**.

"Se formarán en el mundo monopolios gigantescos. Los hombres se atarán en uniones que los envolverán en los pliegues del enemigo. Unos pocos hombres se unirán para apoderarse de los recursos obtenidos en ciertas líneas de negocios. Se formarán uniones laborales, y los que rehúsen unirse a ellas serán hombres marcados". **CL:10**.

"Las uniones laborales y las confederaciones del mundo son una trampa. Hermanos, manteneos fuera y lejos de ellas. No tengáis nada que ver con ellas. A causa de estas uniones y confederaciones, pronto será muy difícil para nuestras instituciones llevar a cabo su obra en las ciudades". **GCB, 06 de Abril de 1903**.

"Los gremios laborales son incitados rápidamente a la violencia si no se satisfacen sus demandas... En cada tumulto hay ángeles malos que trabajan[22], para excitar a los hombres a cometer actos de violencia". **EUD:23**.

"Los que aseguran ser hijos de Dios en ningún caso deben unirse con las uniones laborales que se han formado o que se formarán.[23] El Señor lo prohíbe". **CL:12**.

"Se aproxima con rapidez el tiempo cuando el poder controlador de las uniones laborales se tomará muy opresivo. El Señor ha instruido repetidamente que nuestro pueblo debe llevara sus familias al campo, donde puedan cultivar sus propias provisiones; porque en el futuro el problema de comprar y vender será muy serio.[24] Ahora debiéramos comenzar a obedecer las instrucciones recibidas repetidamente: Salid de las ciudades para ir a distritos rurales, donde las casas no están amontonadas, y donde estaréis libres de la interferencia de enemigos". **CL:9-10; Carta 5, 1904**.

Razones para salir de las ciudades ahora.-

---

[21] Al parecer nuestras Biblias nos serán nos serán requisadas, o por lo menos no podremos conservarlas. Eso hace que sea importante encomendar a la memoria la Palabra de Dios. Elena G. de White dice lo siguiente acerca de los que descuiden de poner en práctica esta recomendación: "Muchos tendrán que comparecer ante las cortes legislativas; algunos tendrán que presentarse ante reyes y personas educadas de la tierra para dar razón de su fe. Los que tengan únicamente una comprensión superficial de la verdad no podrán exponer con claridad las Escrituras, y dar razones definidas de su fe. Se confundirán" (RH, 14 de Febrero de 1893). Por otra parte, aquellos que hayan guardado la Palabra de Dios en sus corazones (Salmo 119:11) estarán "preparados para presentar defensa con mansedumbre y perseverancia ante todo el que os demande razón de la esperanza que hay en vosotros". (1 Pedro 3:15).

[22] Si no hubiera otras razones para no unirse a las uniones laborales, el hecho de que haya ángeles malignos que obran en las sombras para incitar a que se cometan actos de violencia, debiera ser razón suficiente para que los adventistas se mantengan fuera de ellas.

[23] La prohibición inspirada a no unirse a las uniones probará la fe de los adventistas que trabajan en compañías sindicalizadas. Es indudable que algunos se sentirán tentados a racionalizar que Dios ciertamente no espera que ellos pierdan sus trabajos por quedarse fuera de las uniones laborales. Después de todo —pueden razonar— tenemos que alimentar a nuestras familias. Nadie puede decidir por otro lo que debe hacer frente a esta orden divina a no unirse a las uniones laborales, pero con el paso del tiempo, debemos depender cada vez más de Dios, quien nos asegura que su gracia es suficiente. (Ver 2 Cor. 12:9).

[24] Por un tiempo, salir de las grandes ciudades para ir a vivir al campo será suficiente, pero eventualmente aun los hogares en el campo tendrán que ser abandonados. (Ver 5T:464-465).

"Llegará el tiempo cuando todos los que deseen evitar las escenas y los sonidos del mal se mudarán al campo; porque la maldad y la corrupción aumentarán a tal punto que la atmósfera misma de las ciudades estará corrompida".[25] **CL:29; Carta 26, 1907.**

"La maldad está aumentando en nuestras ciudades, y está llegando a ser cada vez más evidente que los que permanezcan en ellas innecesariamente, lo harán con peligro de la salvación de sus almas". **CL:9.**

"'¡Salid de las ciudades, salid de las ciudades!' — éste es el mensaje que el Señor me ha dado. Vendrán terremotos; vendrán inundaciones; y no debemos establecemos en las ciudades malvadas, donde el enemigo es servido en toda forma, y donde Dios es olvidado con frecuencia... Debemos hacer planes sabios para amonestar las ciudades, y al mismo tiempo vivir donde podamos proteger a nuestros hijos y a nosotros mismos de las influencias contaminantes y desmoralizadoras que tanto prevalecen en esos lugares". **RH, 05 de Julio de 1906.**

"La gente que está buscando la forma de guardar los mandamientos de Dios debiera encontrar lugares retirados lejos de las ciudades. Algunos deben permanecer en las ciudades[26] para hacer resonar la última nota de amonestación, pero esto se tornará cada vez más difícil y peligroso". **1OML:261-262.**

"Por ahora es necesario que usemos salones para nuestras reuniones en las ciudades. Pero dentro de poco habrá tantos conflictos y confusión en las ciudades, que los que deseen salir de ellas no podrán hacerlo". **GCB, 06 de Abril de 1901.**

"Cada vez más, a medida que aumente la maldad en las grandes ciudades, tendremos que trabajarlas desde puestos de avanzada situados fuera de ellas". **RH, 27 de Septiembre de 1906.**

"Las ciudades deben trabajarse desde puestos de avanzada. El mensajero de Dios dijo: '¿No serán amonestadas las ciudades? Sí, pero sin ser necesario que el pueblo de Dios viva en ellas, sino por sus visitas para amonestarlas de lo que está por venir sobre la tierra'". **Ev:61.**

La mudanza al campo debe efectuarse en forma racional, bajo la dirección divina.-
"Durante años se nos ha instruido en el sentido de que nuestros hermanos y hermanas, y especialmente las familias con hijos, debían hacer planes para salir de las ciudades a medida que se abra el camino para que ellos lo hagan así. Muchos tendrán que trabajar intensamente para mantener abierto el camino". **RH, 27 de Septiembre de 1906.**

"Encontrad un lugar que tenga una atmósfera favorable y llevad a cabo vuestra obra, pero manteneos alejados de las residencias de los dirigentes de la tierra... No situéis vuestras instituciones en medio de los hogares de hombres ricos... No hagáis nada con fines de exhibición". **1OML:241.**

"Los que finalmente han decidido mudarse [al campo], que no lo hagan con apuro, movidos por el entusiasmo, o en forma impremeditada, o de un modo que posteriormente se vean inducidos a lamentarse por haber efectuado el cambio...

No hagáis nada sin buscar primero la sabiduría de Dios, quien prometió dar libertad a todos los que se la pidan, quien no reprocha' Lo único que se puede hacer es asesorar y aconsejar, y luego dejar que los que sienten la convicción de que es su deber mudarse bajo la dirección divina, actúen con todo su corazón dispuesto para aprender de Dios y obedecerle...

Que todos dediquen tiempo a considerar cuidadosamente, sin ser como el hombre de la parábola que comenzó a edificar pero fue incapaz de terminar lo empezado. No debiera efectuarse ningún movimiento sin que ese movimiento y todo lo que le concierna sea cuidadosamente considerado, y sin que todo sea pesado.

Hay personas que se apresurarán a hacer algo. y se meterán en un negocio del que nada saben. Dios no requiere esto. Pensad con candidez, con oración, estudiando la Palabra con todo cuidado y oración, con mente y corazón despiertos para escuchar la voz de Dios...

No consideréis con demasiada vehemencia ni confianza a los consejeros humanos; en cambio buscad muy fervientemente a Dios, el que sabe aconsejar con sabiduría. Someted todos vuestros métodos y vuestra voluntad a los métodos y la voluntad de Dios.

Hay que usar hasta la última partícula de habilidad, y debe pensarse en forma clara, calmada y profunda. La sabiduría de cualquier agente humano es insuficiente para hacer planes y concebir ideas en esta

---

[25] Uno tiene que estar voluntariamente ciego para no darse cuenta que esto está sucediendo ahora mismo y que se tornará cada vez peor.

[26] Los que deban permanecer en las ciudades para dar la amonestación, probablemente son personas sin dependientes, pero aun para ellas llegará el momento cuando deberán salir de las ciudades, porque con el tiempo resultará cada vez más difícil y peligroso escapar de ellas.

época. Presentad todo plan ante Dios con ayuno, con la humillación del alma delante del Señor Jesús, y encomendad vuestros caminos al Señor. La segura promesa es que él dirigirá vuestros pasos". **CL:25-28**.

Calamidades de una magnitud sin precedente.-
"Pronto se producirá un cambio repentino en la manera de proceder de Dios. El mundo debido a su perversidad será visitado por calamidades: inundaciones, tormentas, incendios, terremotos, hambrunas, guerras y derramamiento de sangre". **FE:356 (1897)**.
"Antes que la gran destrucción descienda sobre el mundo (CS:694-695), los halagadores monumentos de la grandeza del hombre se derrumbarán en el polvo... Se construyen costosos edificios que supuestamente son a prueba de incendio. Pero así como Sodoma pereció en las llamas de la venganza de Dios, así esas orgullosas estructuras se convertirán en cenizas. He visto barcos que han costado inmensas sumas de dinero luchando con el poderoso océano, tratando de navegar las airadas olas. Pero con todos sus tesoros de oro y plata, y con toda su carga humana, se han hundido en la tumba líquida". **ST, 09 de Octubre de 1901**.
"Los juicios de Dios están en la tierra. Ciudades y aldeas enteras desaparecerán". **SpT-B13, 16**.
"Veremos dificultades por todas partes. Miles de barcos serán lanzados a las profundidades del mar. Flotas de barcos de guerra se hundirán, y millones de vidas humanas serán sacrificadas. Se producirán incendios en forma inesperada y ningún esfuerzo humano podrá apagarlos. Los palacios de la tierra serán barridos por la furia de las llamas. Los desastres de ferrocarril serán cada vez más frecuentes; confusión, choques y muerte sin un instante de advertencia ocurrirán en las grandes líneas de transporte". **ST, 21 de Abril de 1890**.

Grandes bolas de fuego caen sobre las casas.-
"Anoche se me presentó una escena... Parecía como si una inmensa bola de fuego descendía sobre el mundo, y destruía grandes casas. De diversos lugares procedía el clamor: "¡El Señor ha venido! ¡El Señor ha venido!" Muchos no estaban preparados para encontrarse con él, pero unos pocos decían: "¡Alabado sea el Señor!"
"¿Por qué alaban al Señor?" preguntaban los que estaban por ser afectados por destrucción repentina.
"Porque ahora vemos lo que habíamos estado esperando".
"Si creían que estas cosas iban a suceder, ¿por qué no nos advirtieron?" fue la terrible respuesta.
"No estábamos enterados de estas cosas. ¿Por qué nos dejaron en la ignorancia? Puesto que nos veían con frecuencia, ¿por qué no se familiarizaron con nosotros y nos informaron acerca de los juicios venideros, para que sirviéramos a Dios y no pereciéramos? ¡Ahora estamos perdidos!". **RC:243**.
"Una escena muy impresionante pasó ante mí en visiones nocturnas. Vi una inmensa bola de fuego que caía en medio de un grupo de hermosas casas que fueron destruidas instantáneamente. Oí a alguien decir: "Sabíamos que los juicios de Dios visitarían la tierra, mas no pensábamos que vendrían tan pronto". Otros dijeron en tono de reproche: "Vosotros que sabíais estas cosas, ¿por qué no dijisteis nada? ¡Nosotros no lo sabíamos!" Y por todas partes oí reproches parecidos". **9T:28**; compare con **RH, 24 de Noviembre de 1904**.

"Tuve la sensación de que despertaba del sueño en un lugar que no era mi casa. Desde las ventanas veía una terrible conflagración. Grandes bolas de fuego caían sobre las casas, y de ellas salían dardos encendidos que volaban en todas direcciones. Era imposible apagar los incendios que se producían, y muchos lugares estaban siendo destruidos. El terror de la gente era indescriptible". **Ev:25**.
"En la noche pensé que me encontraba en una habitación, pero no en mi casa. Estaba en una ciudad desconocida, y escuché explosión tras explosión. Me levanté rápidamente y vi desde mi ventana grandes bolas de fuego. Salían de ellas chispas en forma de dardos, y los edificios estaban siendo consumidos. En pocos minutos toda la manzana de edificios estaba derribándose, y alcanzaba a oír claramente los gritos y lamentos". **11ML:361**.

La última oportunidad de salir de las ciudades.-

"Así como el sitio de Jerusalén por los ejércitos romanos fue la señal para que huyesen los cristianos de Judea, así la asunción de poder por parte de nuestra nación [los Estados Unidos], con el decreto que imponga el día de descanso papal, será para nosotros una amonestación. Entonces será tiempo de abandonar las grandes ciudades[27], y prepararnos para abandonar las menores en busca de hogares retraídos en lugares apartados entre las montañas". **2JT:166.**

"Los dos ejércitos serán diferentes y estarán separados, y esta diferencia será tan marcada que muchos de los que se convenzan de la verdad se pondrán de parte del pueblo de Dios que observa sus mandamientos. Cuando esté por producirse esta obra grandiosa en la batalla, antes del último gran conflicto, muchos serán encarcelados, muchos huirán de las ciudades y los pueblos para salvar su vida,[28] y muchos otros soportarán el martirio[29] por amor de Cristo al levantarse en defensa de la verdad". **Maranata197.**

"Los que apostaten durante el tiempo de dificultades darán falso testimonio y traicionarán[30] a sus hermanos, para asegurar su propia seguridad. Revelarán el lugar donde se ocultan sus hermanos, y así pondrán a los lobos sobre sus huellas". **RH, 20 de Diciembre de 1898.**

Reformas de la dieta en el futuro.-

"Dentro de poco tiempo no será seguro usar ningún producto de origen animal". **PUR, 07 de Noviembre de 1901.**

"Los que esperan la venida del Señor, con el tiempo eliminarán el consumo de carne; la carne dejará de ser parte de su régimen". **CRA:454.**

"No pasará mucho tiempo hasta que los alimentos de origen animal sean descartados por muchos, además de los adventistas".[31] **7T:124.**

"Cuando llegue el tiempo en que ya no sea seguro usar la leche, la crema, la mantequilla y los huevos, Dios lo revelará". **CRA:428.**

"Llegará el tiempo cuando no será lo mejor usar leche y huevos. Pero ese tiempo no ha llegado todavía. Sabemos que cuando venga, el Señor proveerá". **CRA:428.**

"Es necesario efectuar grandes reformas... Pero las reformas que pertenecen al futuro no deben introducirse en el presente". **HFM:50.**

Protección de los ángeles durante el tiempo de angustia.-

"Algunos son atacados al huir de las ciudades y villas. Pero las espadas levantadas contra ellos se quiebran y caen como si fueran de paja. Otros son defendidos por ángeles en forma de guerreros". **CS:689.**

"Durante la noche pasó ante mí una escena sumamente impresionante. Parecía haber gran confusión y lucha de ejércitos. Un mensajero del Señor se paró ante a mí, y dijo: 'Llama a tu familia. Yo os conduciré; seguidme'. Me llevó por un oscuro pasaje, a través de un bosque, luego por un desfiladero de las montañas, y dijo: 'Aquí estarán segura'. Había otros que habían sido llevados a aquel retiro".[32] **Maranata 268.**

---

[27] Salir de las ciudades grandes es sólo un "preparativo para abandonar las más pequeñas para ir a hogares establecidos en lugares apartados en las montañas". Estas mudanzas no tendrán nada de idílico. Serán traumáticas, especialmente para los que están acostumbrados a las conveniencias y comodidades de la civilización.

[28] La huida de las ciudades y pueblos a que aquí se refiere ocurre después de la asunción del poder de parte de los Estados Unidos para poner en vigencia el día de reposo papal (5T:464-465), pero antes de la terminación del tiempo de gracia, porque todavía es posible ingresar "a las filas del pueblo de Dios que obedece los mandamientos".

[29] El tiempo cuando "muchos serán mártires" viene *después* que los Estados Unidos aceptan la religión del papado, y la ley de Dios… queda anulada", pero *antes* que el ángel de Apocalipsis 18 llama "a los fieles y verdaderos… a salir de Babilonia [espiritual]" "porque las escenas descritas en el capítulo 18 de Apocalipsis, cuando los que son fieles y verdaderos son llamados a salir de Babilonia", vienen después de la visión de "la compañía que fue muerta por la Palabra de Dios y el testimonio de Jesucristo". (Ver en la página 77 la declaración completa).

[30] Estas traiciones efectuadas por falsos hermanos ocurren antes del cierre del tiempo de gracia, porque los ángeles de Dios guiarán a su pueblo a lugares seguros cuando el tiempo de gracia haya terminado. Los santos entonces serán escondidos por "Cristo y santos ángeles".

[31] Vemos que esto está ocurriendo ahora mismo. Muchos que no son adventistas se están convirtiendo en vegetarianos.

[32] Los adventistas que tengan un escondite preparado para el tiempo de angustia, pero que fallen en efectuar la preparación espiritual para ese tiempo, se engañarán a si mismos. Olvidan que mientras es posible que puedan escapar de la detección por seres humanos, no podrán escapar a la detección por los espíritus malignos. Nuestra única esperanza de permanecer es-

"En día de la dura prueba [Cristo] dirá: Anda, pueblo mío, entra en tus aposentos, cierra tras ti tus puertas; escóndete un poquito, por un momento, en tanto que pasa la indignación" [Isa. 26:20]. ¿Cuáles son las cámaras en las cuales habrán de esconderse? Son la protección de Cristo y sus ángeles. El pueblo de Dios no ese tiempo en un solo lugar. Formará grupos esparcidos por toda la tierra". **Maranata 268**.

"El pueblo de Dios no quedará libre de padecimientos; pero aunque perseguido y acongojado y aunque sufra privaciones y falta de alimento, no será abandonado para perecer... Mientras los malvados estén muriéndose de hambre y pestilencia, los ángeles protegerán a los justos y suplirán sus necesidades". **CS:687**.

"En el tiempo de angustia nadie [del pueblo de Dios] trabajará con sus manos. Sus sufrimientos serán mentales, y Dios proveerá alimento para ellos". **21ML:375**.

"En el tiempo de angustia, justamente antes de la venida de Cristo, las vidas de los justos serán preservadas mediante la ayuda de santos ángeles". **ST, 26 de Enero de 1880**.

"Después que Jesús se levante del trono de la intercesión... la opresión y la muerte del pueblo de Dios ya no será un testimonio en favor de la verdad".[33] **3MS:456**; compárese con **CS:634**.

---

condidos de los hombres malos y de los ángeles de Satanás durante ese tiempo, es ser conducidos a los lugares seguros por los ángeles de Dios.

[33] Si el pueblo de Dios es sellado "de modo que no puede ser movido" (Ms 173, 1902), si sabe que no morirá (CS:692), y si los ángeles de Dios suplen sus necesidades (CS:687), ¿por qué, entonces, los santos sufren angustias durante el tiempo de la angustia de Jacob? La respuesta es porque, aunque están sellados, ellos "no saben cuán seguramente están protegidos" (5T:475, y además, hay entre ellos gente allegada que "va quedando uno tras otro a lo largo del camino, hasta... la voz de Dios" (WFL:145). Estos "allegados" causarán la impresión de haber apostatado después del fin del tiempo de gracia, cuando en realidad su apostasía ocurrió antes, pero no se torna evidente hasta después del cierre del tiempo de gracia.

Las apostasías hacen que los que han sido sellados se pregunten si ellos todavía tienen pecados inconfesos, y que por lo tanto no han sido perdonados, lo que revelaría que están perdidos. El examen de su conciencia causa severa angustia mental al pueblo de Dios, "pero por muy profundo que sea el sentimiento que tiene de su indignidad, no tiene culpas escondidas que revelar". (CS:678). Aun así, "les parece, lo mismo que a Jacob en su aflicción, que Dios se ha convertido en un enemigo vengador" (ST, 27 de Noviembre de 1879). Y sin embargo, lo mismo que Jacob, dirán: "¡No te dejaré, si no me bendices!" (Gén. 32:26).

Mientras la preparación física para el tiempo de angustia es importante, la preparación espiritual es indispensable. Después de todo, ¿qué beneficio obtendrá una persona si escapara "de todas estas cosas" (Luc. 21:36), sólo para descubrir después que ha perdido la vida eterna?

Capítulo 3: La Marca de la Bestia y el Conflicto del Domingo Contra el Sábado.

El conflicto inminente en lenguaje simbólico.-

"Entonces el dragón se llenó de ira contra la mujer; y se fue a hacer guerra contra el resto de la descendencia de ella, los que guardan los mandamientos de Dios y tienen el testimonio de Jesucristo". **Apoc. 12:17**.

"Me paré sobre la arena del mar, y vi subir del mar una bestia que tenía siete cabezas y diez cuernos; y en sus cuernos diez diademas; y sobre sus cabezas, un nombre de blasfemia. Y la bestia que vi era semejante a un leopardo, y sus pies como de oso, y su boca como boca de león. Y el dragón le dio su poder y su trono, y grande autoridad... También se le dio boca que hablaba grandes cosas y blasfemias; y se le dio autoridad para actuar cuarenta y dos meses. Y abrió su boca en blasfemias contra Dios, para blasfemar de su nombre, de su tabernáculo, y de los que moran en el cielo". **Apoc. 13:1-2, 5-6**.

"Después vi otra bestia que subía de la tierra; y tenía dos cuernos semejantes a los de un cordero, pero hablaba como dragón. Y ejerce toda la autoridad de la primera bestia en presencia de ella, y hace que la tierra y los moradores de ella adoren a la primera bestia, cuya herida mortal fue sanada. También hace grandes señales, de tal manera que aun hace descender fuego del cielo a la tierra delante de los hombres. Y engaña a los moradores de la tierra con las señales que se le ha permitido hacer en presencia de la bestia, mandando a los moradores de la tierra que le hagan imagen a la bestia que tiene la herida de espada, y vivió. Y se le permitió infundir aliento a la imagen de la bestia, para que la imagen hablase e hiciese matara todo el que no la adorase. Y hacía que a todos, pequeños y grandes, ricos y pobres, libres y esclavos, se les pusiese una marca en la mano derecha, o en la frente; y que ninguno pudiese comprar ni vender, sino el que tuviese la marca o el nombre de la bestia, o el número de su nombre". **Apoc. 13:11-17**.

"Y el tercer ángel los siguió, diciendo a gran voz: Si alguno adora a la bestia y a su imagen, y recibe la marca en su frente o en su mano, él también beberá del vino de la ira de Dios, que ha sido vaciado puro en el cáliz de su ira; y será atormentado con fuego y azufre delante de los santos ángeles y del Cordero". **Apoc. 14:9-10**.

Definición y explicación de los símbolos proféticos.-

"El dragón es Satanás (Apoc. 12:9); fue él quien indujo a Herodes a procurar la muerte del Salvador. Pero el agente principal de Satanás al guerrear contra Cristo y su pueblo durante los primeros siglos de la era cristiana, fue el Imperio Romano, en el cual prevalecía la religión pagana. Así que si bien el dragón representa primero a Satanás, en sentido derivado es un símbolo de la Roma pagana". **CS:491**.

En [Apocalipsis] capítulo 13 (versículos 1-10), se describe otra bestia, "parecida a un leopardo", a la cual el dragón dio "su poder y su trono, y grande autoridad". Este símbolo, como lo han creído la mayoría de los protestantes, representa al papado, el cual heredó el poder y la autoridad del antiguo Imperio Romano". **CS:492**.

"¿Pero qué es la 'imagen de la bestia'? ¿Y cómo se la formará? La imagen es hecha por la bestia de dos cuernos y es una imagen de la primera bestia. Así que para saber a qué se asemeja la imagen y cómo será formada, debemos estudiar los rasgos característicos de la misma bestia, el papado". **CS:496**.

"Cuando el papado, privado de su poder, fue forzado a desistir de la persecución, Juan contempló un nuevo poder que surgía para hablar con la voz del dragón y llevar a cabo la misma obra cruel y blasfema. Este poder... estaba simbolizado por una bestia con cuernos como de cordero. Las bestias precedentes se habían levantado del mar, pero ésta surgió de la tierra, lo que representa el origen pacífico de la nación simbolizada. Los 'dos cuernos como de cordero' representan acertadamente el carácter del gobierno de los Estados Unidos, expresado en sus dos principios fundamentales: republicanismo y protestantismo". **ST, 01 de Noviembre de 1899**.

"Pero los trazos severos de la pluma del profeta revelan un cambio en esta escena pacífica. La bestia con cuernos como de cordero habla con la voz de un dragón, 'y ejerce toda la autoridad de la primera bestia en presencia de ella'. El espíritu persecutorio manifestado por el paganismo y el papado volverá a manifestarse. La profecía declara que esta potencia mandará 'a los moradores de la tierra que le hagan imagen a la bestia'. La imagen que se hace es de la primera bestia, semejante a un leopardo [el papado]". **4SP:277**.

"La amonestación más solemne y la más terrible amenaza proferida contra los mortales es la que está contenida en el mensaje del tercer ángel. El pecado que suscita la ira de Dios sin mezcla de misericordia debe ser del carácter más nefando". **ST, 01 de Noviembre de 1899**.

"La profecía del capítulo 13 del Apocalipsis declara que el poder representado por la bestia de cuernos semejantes a los de un cordero haría 'que la tierra y los que en ella habitan' adorasen al papado, que está simbolizado en ese capítulo por una bestia 'parecida a un leopardo'... Se ha demostrado que los Estados Unidos de Norteamérica son el poder representado por la bestia de dos cuernos semejantes a los de un cordero, y que esta profecía se cumplirá cuando los Estados Unidos hagan obligatoria la observancia del domingo, que Roma declara ser el signo característico de su supremacía". **CS:635-636**.

"Como signo de la autoridad de la iglesia católica, los escritores católicos citan 'el acto mismo de cambiar el sábado al domingo, cambio en que los protestantes consienten... porque al guardar estrictamente el domingo, ellos reconocen el poder de la iglesia para ordenar fiestas y para imponerlas so pena de incurrir en pecado". (H. Tuberville, An Abridgement of the Christian Doctrine, Compendio de doctrina cristiana), página 58. ¿Qué es, pues, el cambio del día de descanso, sino el signo o marca de la autoridad de la iglesia romana, 'la marca de la bestia'?[34] **CS:501**.

"La luz .que tenemos acerca del mensaje del tercer ángel es la luz verdadera. La marca de la bestia es exactamente lo que se ha proclamado que es. Todavía no se comprende todo lo relacionado con este asunto, y no se comprenderá plenamente hasta que se despliegue el rollo; pero se llevará a cabo una obra de gran solemnidad en nuestro mundo". **GCDB, 02 de Marzo de 1899**.

"Nadie hasta ahora ha recibido la marca de la bestia. El tiempo de prueba no ha llegado aún... Nadie es condenado hasta que haya tenido la luz y haya visto la obligación del cuarto mandamiento. Pero cuando se ponga en vigencia el decreto que ordena falsificar el sábado, y el fuerte clamor del tercer ángel amoneste a los hombres contra la adoración de la bestia y su imagen, se trazará claramente la línea entre lo falso y lo verdadero. Entonces los que continúen aún en transgresión recibirán la marca de la bestia". **Ev:174**.

"Abstenerse de trabajar en domingo no equivale a recibir la marca de la bestia; y donde esto beneficie los intereses de la obra, debiera hacerse. Sin embargo no debiéramos efectuar ningún esfuerzo extraordinario para trabajar en domingo". **SW:70**.

La apostasía prepara el camino.-

"Fue la apostasía lo que indujo a la iglesia primitiva a buscar la ayuda del gobierno civil, y esto preparó el camino para el desarrollo del papado, simbolizado por la bestia... la apostasía en la iglesia preparará el camino para la imagen de la bestia". **CS:496-497**.

"Ya [en 1889] estaban progresando los preparativos y movimientos que resultarían en la producción de una imagen de la bestia.[35] Ocurrirán eventos en la historia del mundo que cumplirán las predicciones proféticas para estos últimos días". **RH, 23 de Abril de 1889**.

"Cuando las iglesias principales de los Estados Unidos, uniéndose en puntos comunes de doctrina, influyan sobre el estado para que imponga los decretos y las instituciones de ellas, entonces la América protestante habrá formado una imagen de la jerarquía romana... La "imagen de la bestia" representa la forma de protestantismo apóstata que se desarrollará cuando las iglesias protestantes busquen la ayuda del poder civil para la imposición de sus dogmas". **CS:498**.

---

[34]   J. E Snyder, de Bloomington, Illinois, escribió al Cardenal Gibbons para preguntarle si la Iglesia Católica considera que el cambio del día de reposo "es una señal de su poder". El cardenal, por mediación de su canciller, dio la siguiente respuesta:

"Por cierto que la Iglesia Católica sostiene que el cambio fue un acto suyo. No pudo haber sido de otro modo, porque nadie en aquellos días habría siquiera soñado con hacer ninguna cosa en asuntos espirituales, eclesiásticos y religiosos sin ella. Y este acto es una señal de su poder eclesiástico y autoridad en materias religiosas.

Firmado: "H. E Thomas,

"Canciller del Cardenal

"11 de Noviembre de 1895"

Christian Edwarson, en Facts of Faith (Nashville,Tenn,: Southern Publishing Association, 1943), 292-293.

[35] Notemos que el fundamento de la formación de la imagen de la bestia se colocó hace más de un siglo. Parecerá eminentemente razonable para los que desconocen el modus operandi de Satanás.

"Pronto ocurrirá un cambio repentino en la forma de actuar de Dios. El mundo lleno de perversidad será visitado con desastres: por inundaciones, tormentas, incendios, terremotos, hambrunas, guerras y derramamiento de sangre". **FE:536**.

"A medida que los hombres se alejan cada vez más de Dios, se permite que Satanás ejerza poder sobre los hijos de desobediencia. Lanza destrucción entre los hombres. Ocurren calamidades por tierra y mar. Se produce destrucción de las propiedades y la vida por incendios e inundaciones". **RH, 16 de Julio de 1901**.

La verdadera causa de las calamidades y el doble papel que desempeña Satanás.-

"Cuando Dios quite su mano refrenadora, el destructor comenzará su obra. Entonces ocurrirán en nuestras ciudades las mayores calamidades. ¿Se debe esto a que la gente no guarda el domingo? No; se debe a que los hombres han pisoteado la ley de Jehová". **3ML:314**.

"Satanás continuará desempeñando un doble papel. Causando la impresión de ser el dispensador de grandes bendiciones y verdades divinas, por medio de sus portentos mentirosos, mantendrá el mundo bajo su control; y al mismo tiempo satisfará su malignidad causando aflicción y destrucción, y acusará al pueblo de Dios como la causa de las terribles convulsiones de la naturaleza y de las luchas y el derramamiento de sangre que se producen entre los hombres y que están arruinando la tierra".[36] **4SP:444**.

"En las iglesias y en las grandes reuniones al aire libre, los ministros pedirán con insistencia a la gente que guarde el primer día de la semana. Se producen calamidades en el mar y en la tierra; y esas calamidades aumentarán, un desastre seguirá a otro; y el reducido grupo de concienzudos observadores del sábado será señalado como el responsable de atraer la ira de Dios sobre el mundo por haberse despreocupado del domingo". **RH, 18 de Marzo de 1884**.

"Hombres que ocupan posiciones de responsabilidad,... desde el púlpito sagrado, instarán a la gente a observar el primer día de la semana, aduciendo la tradición y la costumbre en beneficio de esta institución. Se referirán a las calamidades que ocurren por mar y tierra —a los ciclones, las inundaciones, los terremotos y la destrucción por incendios— como juicios que indican el desagrado de Dios porque el domingo no se observa sagradamente. Estas calamidades aumentarán cada vez más, un desastre se presentará en pos de otro; y los que invalidan la ley de Dios señalarán a los pocos que están guardando el sábado del cuarto mandamiento como los que están atrayendo la ira sobre el mundo". **ST, 17 de Enero de 1884**.

"Ocurren calamidades por tierra y mar. La propiedad y la vida son destruidas por incendios e inundaciones. Satanás está resuelto a culpar de esto a los que rehúsan inclinarse ante el ídolo que él ha creado. Sus agentes señalan a los adventistas como la causa de las dificultades. "Esta gente se alza en desafío de la ley —arguyen—. Profanan el domingo. Si se los obligara a obedecer la ley de la observancia del domingo, cesarían estos terribles juicios". **RH, 16 de Julio de 1901**.

"Se declarará que los hombres ofenden a Dios al violar el descanso del domingo; que este pecado ha atraído calamidades que no concluirán hasta que la observancia del domingo no sea estrictamente obligatoria; y que los que proclaman la vigencia del cuarto mandamiento, haciendo con ello que se pierda el respeto debido al domingo y rechazando el favor divino, turban al pueblo y alejan la prosperidad temporal". **CS:647-648**.

Las leyes dominicales en los Estados Unidos.-

"Satanás interpreta los eventos a su manera, y ellos [los líderes] piensan, como él quiere que lo hagan, que las calamidades que llenan la tierra son un resultado de la profanación del domingo. Estos hombres influyentes dictan leyes para imponer la observancia del domingo, pensando que de ese modo mitigarán la ira de Dios. Piensan que al exaltar cada vez más este falso día de reposo, al instituir la obediencia obligatoria de la ley dominical, el día de reposo espurio, están haciendo un servicio a Dios. Los que honran a Dios al observar el verdadero día de reposo son considerados como desleales a

---

[36] Esta declaración proporciona una visión panorámica de la estrategia de Satanás en el conflicto inminente. Manifestándose como el dispensador de grandes bendiciones, trabaja entre bastidores como un destructor. De este modo induce a los que son engañados por él a creer que a fin de recobrar el favor divino, será necesario imponer por la ley el culto en domingo. Es indudable que esa legislación Las calamidades acarrean la crisis del domingo contra el sábado.

Dios, cuando en realidad aquellos que así los consideran son los verdaderos desleales, porque están pisoteando el día de reposo auténtico". **1OML:239**.

"Cuando la legislatura cree leyes que exalten el primer día de la semana, y lo coloquen en el lugar del séptimo día, la artimaña de Satanás será perfecta".[37] **RH, abril 15, 1890**.

Comienza la proclamación en alta voz del mensaje del tercer ángel.-
Hasta ahora se ha solido considerar a los predicadores de las verdades del mensaje del tercer ángel como meros alarmistas. Sus predicaciones de que la intolerancia religiosa adquiriría dominio en los Estados Unidos de Norteamérica, de que la iglesia y el estado se unirían en ese país para perseguir a los observadores de los mandamientos de Dios, han sido declaradas absurdas y sin fundamentos. Se ha declarado osadamente que ese país no podría jamás dejar de ser lo que ha sido: el defensor de la libertad religiosa. Pero, a medida que se va agitando más ampliamente la cuestión de la observancia obligatoria del domingo, se ve acercarse la realización del acontecimiento hasta ahora tenido por inverosímil, y el tercer mensaje producirá un efecto que no habría podido producir antes...

Habrá hombres de fe y de oración que se sentirán impelidos a declarar con santo entusiasmo las palabras que Dios les inspire. Los pecados de Babilonia serán denunciados. Los resultados funestos y espantosos de la imposición de las observancias de la iglesia por la autoridad civil, las invasiones del espiritismo, los progresos secretos pero rápidos del poder papal, todo será desenmascarado. Estas solemnes amonestaciones conmoverán al pueblo. Miles y miles de personas que nunca habrán oído palabras semejantes, las escucharán. Admirados y confundidos oirán el testimonio de que Babilonia es la iglesia que cayó por sus errores y sus pecados, porque rechazó la verdad que le fue enviada del cielo. Cuando el pueblo acuda a sus antiguos conductores espirituales a preguntarles con ansia: ¿Son esas cosas así?, los ministros aducirán fábulas, profetizarán cosas agradables para calmar los temores y tranquilizar las conciencias despertadas. Pero como muchas personas no se contentan con las meras razones de los hombres y exigen un positivo "Así dice Jehová", los ministros populares... airándose al ver que se pone en duda su autoridad, denunciarán el mensaje como si viniese de Satanás e incitarán a las multitudes dadas al pecado a que injurien y persigan a los que lo proclaman.

Satanás se pondrá alerta al ver que la controversia se extiende a nuevos campos y que la atención del pueblo es dirigida a la pisoteada ley de Dios".[38] **CS:663-665**.

Pasos en la formación de la triple unión.-
"El poder que acompaña a la proclamación del mensaje sólo desesperará a los que se le oponen. El clero hará esfuerzos casi sobrehumanos para sofocar la luz por temor de que alumbre a sus rebaños. Por todos los medios a su alcance los ministros tratarán de evitar toda discusión sobre esas cuestiones vitales. La iglesia apelará al brazo poderoso de la autoridad civil y en esta obra los papistas y los pro-

---

[37] El objetivo final de Satanás no es meramente una ley que cierra el comercio en domingo; es un substituto del sábado como el día de adoración, primero en los Estados Unidos, posteriormente en toda la cristiandad, y finalmente en todo el mundo. Aunque Satanás alcanza sus objetivos en etapas, "los movimientos finales serán rápidos" (9T:11), y pueden ocurrir con mayor rapidez que la que nadie anticipa.

[38] Según PE:33, "al empezar el tiempo de angustia [temprano, PE:85],... [el pueblo de Dios] fuimos henchidos del Espíritu Santo, cuando salimos a proclamar más plenamente el sábado". Esto corresponde al tiempo en la cronología de CS:662-670, cuando se dirige la atención de las mentes hacia la ley pisoteada de Dios". Lo que atrae la atención de la gente hacia la ley de Dios, especialmente el sábado, podría ser la presentación de las "tablas de piedra" dadas a "Moisés" (1CBA:1100), citado más abajo en esta nota.

Entre los justos que estaban todavía en Jerusalén y para quienes había sido aclarado el propósito divino, se contaban algunos que estaban resueltos a poner fuera del alcance de manos brutales el arca sagrada que contenía las tablas de piedra sobre las cuales habían sido escritos los preceptos del Decálogo. Así lo hicieron. Con lamentos y pesadumbre, escondieron el arca en una cueva, donde había de quedar oculta del pueblo de Israel y de Judá por causa de sus pecados para no serles ya devuelta. Esa arca sagrada está todavía escondida. PR:334.

Las "tablas de p¡~' mencionadas aquí están ocultasen una caverna aquí en la tierra. Estas no son las tablas "originales", las que se encuentran "en el santuario celestial" (CS:540).

Con respecto a la copia que fue dada a Moisés, Elena G. de White dice: "Y [Cristo] dio a Moisés, cuando acabó de hablar con él en el monte de Sinaí, dos tablas del testimonio, tablas de piedra escritas con el dedo de Dios" (Éxo. 31:18). Nada que estaba escrito en esas tablas podía borrarse. El precioso registro de la ley fue colocado en el arca del testimonio y ahí está todavía, oculta a salvo de la familia humana. Pero en el tiempo que Dios ha determinado traerá estas tablas de piedra para que sirvan de testimonio a todo el mundo contra la desobediencia de sus mandamientos y contra la adoración idólatra de un día de reposo espurio". 8ML:100.

Independientemente de si las tablas de piedra dadas a Moisés son recuperadas en este tiempo o más tarde, lo serán antes de la segunda venida, pero parece que éste (CS:665) es el tiempo más lógico para que sean sacadas a la luz.

testantes irán unidos. Al paso que el movimiento en favor de la imposición del domingo se vuelva más audaz y decidido, la ley será invocada contra los que observan los mandamientos". **CS:665**.

"Cuando... (Estados Unidos) abjure de tal manera los principios de su gobierno que promulgue una ley dominical, en este acto[39] el protestantismo dará la mano al papismo;[40] y con ello recobrará vida la tiranía que durante largo tiempo ha estado aguardando ávidamente su oportunidad de resurgir en activo despotismo". **5T:666**.

"Los gobiernos protestantes [las iglesias] llegarán a una extraña situación crítica. Se convertirán al mundo. Además, a causa de su separación de Dios, trabajarán para implantar su falsedad y apostasía hacia Dios como la ley de la nación [los Estados Unidos]".[41] **RH, 15 de Junio de 1897**.

"Los protestantes de los Estados Unidos serán los primeros[42] en tender las manos a través de un doble abismo al espiritismo y al poder romano; y bajo la influencia de esta triple alianza[43] ese país marchará en la huellas de Roma, pisoteando los derechos de la conciencia". **CS:645**.

"Por el decreto que imponga la institución del papado en violación a la ley de Dios, nuestra nación se separará completamente de la justicia. Cuando el protestantismo extienda la mano a través del abismo para asir la mano del poder romano, cuando se incline por encima del abismo para darse la mano con el espiritismo, cuando, bajo la influencia de esta triple unión, nuestro país repudie todo principio de su constitución como gobierno protestante y republicano, y haga provisión para la propagación de las mentiras y seducciones papales, entonces sabremos que ha llegado el tiempo en que se verá la asombrosa obra de Satanás y que el fin está cerca". **5T:426-427**.

"Una iglesia [protestante] apóstata se unirá con los poderes de la tierra y el infierno para colocar la marca de la bestia en la frente o en la mano, y para obligar a los hijos de Dios a adorar a la bestia y a su imagen. Procurarán compelerlos a renunciar a su lealtad a la ley de Dios, y en cambio tributar homenaje al papado. Entonces vendrán tiempos que pondrán a prueba las almas de los hombres; porque la confederación de la apostasía exigirá que los súbditos leales de Dios renuncien a la ley de Jehová, y repudien la verdad de su palabra. Entonces el oro será separado de la escoria, y resultará evidente quiénes son los piadosos, quiénes son leales y fieles, y quiénes son desleales, la escoria y el oropel. ¡Cuántas nubes de paja serán aventadas por el ventilador de Dios!... Los que han desconfiado de sí mismos, los que por obra de las circunstancias no se han atrevido a hacer frente a la afrenta y al reproche, finalmente se declararán abiertamente seguidores de Cristo y su ley, mientras muchos que han causado la impresión de ser árboles en flor, pero que no habían llevado fruto, se unirán con las multitudes para hacer obras de impiedad y recibirán la marca de la apostasía en la frente o en la mano". **RH, 08 de Noviembre de 1892**.

---

[39] Este es el momento decisivo que marca la formación de la triple unión y de la formación de la imagen de la bestia. Esta es la "extraña situación" en la que el gobierno de los Estados Unidos se encontrará. En Testimonies to South Africa:53, leemos: "E] gobierno protestante [de los Estados Unidos] llegará a una extraña situación".

[40] La unión del protestantismo apóstata con el papado ocurre claramente después que los siervos de Dios desenmascaran las invasiones del espiritismo, [y exponen] los progresos secretos pero rápidos del poder papal". Entretanto, "la controversia se extiende... a la pisoteada ley de Dios" (CS 665).

La unión del protestantismo apóstata con el papado marca un momento decisivo para los Estados Unidos. Desde este punto en adelante, el país irá cuesta abajo; porque, como se predice en la Review and Herald del 2 de Mayo de 1983: "Cuando los habitantes de los Estados Unidos... restrinjan la libertad religiosa, renuncien al protestantismo y presten su apoyo al papado, se habrá llenado la medida de su culpa, y en los libros del cielo se registrará 'apostasía nacional'. El resultado de esta apostasía será la ruina nacional".

La "ruina nacional" para los Estados Unidos no significa que este país desaparecerá del escenario mundial; porque "los Estados Unidos" es la "última potencia" que hará guerra contra la iglesia y la ley de Dios" (ST, 01 de Nov. de 1899); y Apoc. 19:20 declara que "el falso profeta" y la bestia con cuernos como de cordero, es decir los Estados Unidos (Apoc. 13:11-15), "fueron lanzados vivos dentro de un lago de fuego" cuando Cristo venga como "REY DE REYES Y SEÑOR DE SEÑORES".

Entonces, la ruina nacional de los Estados Unidos comienza cuando esta nación entra en un estado de apostasía nacional, pero la ruina no queda completa hasta el segundo advenimiento de Cristo.

[41] Consulte El Conflicto de los Siglos, p. 663, donde encontrará evidencia de que se está hablando de los Estados Unidos.

[42] "Primero" implica que aunque los Estados Unidos son la primera nación que dará este paso, otras naciones "seguirán su ejemplo" (6T:395).

[43] En la "triple unión", el catolicismo proporciona el liderazgo ("bajo una cabeza, el poder papal, el pueblo se unirá para oponerse a Dios en la persona de sus testigos". (7T:182). El espiritismo (por medio de la creencia casi universal en la inmortalidad del alma) provee el vínculo que mantiene la estabilidad de esta unión, y el protestantismo norteamericano apóstata (por medio del poderío militar y la influencia internacional de los Estados Unidos) provee el "poder persuasivo" necesario para hacer cumplir los dictámenes de la cabeza papal que revivió.

"Cuando la ley de Dios esté siendo desautorizada (en Estados Unidos); cuando su nombre [de Dios] sea deshonrado, cuando se considere que obedecer el séptimo día como día de reposo es una deslealtad hacia las leyes de la nación, cuando lobos vestidos con pieles de oveja, con ceguera mental y corazón endurecido, procuren forzarla conciencia, ¿tendremos que abandonar nuestra lealtad a Dios? No, no. Los pecadores, estarán llenos de odio satánico contra los que permanecen leales a los mandamientos de Dios, pero el valor de la ley de Dios como regla de conducta tiene que ponerse de manifiesto. El celo de los que obedecen al Señor aumentará a medida que el mundo y la iglesia se unan para anular la ley... Esto es lo que ocurrirá con toda seguridad cuando la ley de Dios sea invalidada por un acto nacional. Cuando se exalte el domingo y cuente con el apoyo de la ley, entonces el principio que obra en el pueblo de Dios será puesto de manifiesto, tal como se manifestó el principio de los tres hebreos cuando Nabucodonosor les ordenó adorar a la imagen erigida en la llanura de Dura". **13ML:71**.

"La fuerza es el último recurso de toda religión falsa. Al comienzo ensaya la atracción, como lo hizo el rey de Babilonia con el poder de atracción de la música y del espectáculo. Si estas atracciones inventadas por hombres inspirados por Satanás, no lograban lograr que esos hombres adoraran la imagen, las hambrientas llamas del horno encendido estaban listas para consumirlos. Lo mismo sucederá ahora".[44] **ST, 06 de Mayo de 1897**.

"La bestia de dos cuernos "hace [ordena[45]] que todos, pequeños y grandes, así ricos como pobres, así libres como esclavos, tengan una marca sobre su mano derecha, o sobre su frente". **CS:498**.

El papado recupera su dominio sobre el cristianismo.-

"Cuando el sábado se convierta en el motivo principal de conflicto en toda la cristiandad, el persistente rechazo de una reducida minoría a ceder a la exigencia popular los convertirá en objetos de execración universal. Se insistirá en que los pocos que se alzan en oposición a una iglesia y a una ley del Estado no debieran ser tolerados; y en que es mejor que sufran ellos antes que naciones enteras sean lanzadas a la confusión y la anarquía... El romanismo en el Antiguo Mundo y el protestantismo apóstata en el Nuevo, seguirán un comportamiento parecido hacia los que honran todos los preceptos divinos". **YI, 12 de Julio de 1904**; compárese con **CS:673-674**.

"Al final de la lucha, toda la cristiandad[46] quedará dividida en dos grandes categorías: la de los que guardan los mandamientos de Dios y la fe de Jesús, y la de los que adoran la bestia y su imagen y reciben su marca". **CS:503**.

El mundo sigue en pos de la dirección de los Estados Unidos.-

"Las naciones extranjeras seguirán el ejemplo de los Estados Unidos. Aunque este país va a la cabeza, la misma crisis [sobre la controversia entre el sábado y el domingo] afectará a nuestro pueblo en todas partes del mundo". **6T:395**.

---

[44] Notemos que la bestia con cuernos como de cordero (el gobierno de los Estados Unidos) manda a los moradores de la tierra "que le hagan imagen a la bestia" (Apoc. 13:14); esta es la voz de la persuasión, la voz de la democracia. "Aquí tenemos presentada a las claras una forma de gobierno en el cual el poder legislativo descansa en el pueblo, y ello prueba que los Estados Unidos de Norteamérica constituyen la nación señalada por la profecía" (CS:496). Cuando falle la persuasión, esa misma bestia habla "como dragón" (Apoc. 13:11), y hace que "la imagen hablase e hiciese matar a todo el que no la adorase" (Apoc. 13:15). Esta es la voz de la tiranía y sugiere un cambio radical en el gobierno, de una democracia a alguna forma de despotismo. Así, medidas que al comienzo son suaves llegarán a ser "draconianas" y finalmente exigirán la pena de muerte para los observadores del sábado.

La formación de la imagen de la bestia mencionada en estas declaraciones se refiere a la imagen de la bestia en los Estados Unidos. Pero la formación de la imagen no se detiene en este país. Es un proceso en evolución. Finalmente el decreto que obliga a la observancia del falso día de reposo se extiende a todo el mundo. Así, ya sea que el espíritu de profecía hable de la imagen como será establecida al principio por los Estados Unidos, o bien de la imagen mundial de la bestia, "ocurrirá la misma crisis sobre... [los adventistas] en todas partes del mundo" (6T:395).

[45] Estados Unidos aparentemente será el "que hará cumplir" la ley que impone la marca de la bestia sobre los moradores de la tierra (Apoc. 13:14), porque "las demandas de... el falso día de reposo [de Roma] tienen que ser puestas en vigencia en el mundo. Las iglesias protestantes... las traerán a primer plano y las impondrán a las conciencias de los hombres" (HM, 01 de Nov. de 1893). No existe ninguna razón para que los norteamericanos sientan orgullo o placer por esta predicción, porque, trágicamente, esta apostasía es "la señal para la ruina nacional" (GCDB, 13 de Abril de 1891). Para mayor información sobre cómo la ruina nacional será resultado de esta apostasía, ver 5T:712.

[46] Obsérvese que es después que Estados Unidos toma "la mano derecha de la comunión" que el papado le extiende (RH, 01 de Enero de 1889), que el papado recupera su poder e influencia sobre las naciones cristianas a las cuales antes dominaba. (Ver CS:636).

"Cuando los Estados Unidos, la nación de la libertad religiosa, se una con el papado para forzarla conciencia y obligar a los hombres a honrar el falso día de reposo, los habitantes de todos los países del mundo serán inducidos a seguir su ejemplo". **6T:18.**

"Las naciones serán conmocionadas hasta sus mismos centros vitales. Se retirará el apoyo a los que proclaman la ley de Dios como la única norma de justicia, la única prueba segura del carácter. Y todos los que no acepten los decretos de los concilios nacionales ni obedezcan las leyes nacionales que ordenan exaltar el día de reposo instituido por el hombre de pecado, y despreciar el día santo de Dios, no sólo sentirán el poder opresor del papado[47], sino además la opresión del mundo protestante, que tratará de imponer la adoración de la imagen de la bestia". **RH, 09 de Marzo de 1911.**

El primer día de la semana, un día de trabajo común, sin ninguna clase de santidad, será erigido, lo mismo que la imagen [de oro] de Babilonia. Todas las naciones, lenguas y pueblos recibirán la orden de adorar este día de reposo espurio. Este es el plan de Satanás para invalidar el día instituido por Dios y dado al mundo como recordativo de la creación.

El decreto que pone en vigencia la adoración de este día se extenderá a todo el mundo...

Todos los que rehúsen adorar este falso día de reposo, en obediencia a la Palabra de Dios, sufrirán vejámenes y persecuciones. El uso de la fuerza es el último recurso de todas las religiones falsas... Necesitamos el mismo espíritu manifestado por los siervos de Dios en el conflicto con el paganismo.

La verdad debe ser obedecida a cualquier precio, aunque las puertas abiertas de las prisiones, los trabajos forzados y el destierro nos miren a la cara. Si somos leales y fieles, ese Dios que anduvo con los tres jóvenes hebreos en el horno de fuego, que protegió a Daniel en el foso de los leones, que se manifestó a Juan en la solitaria isla [de Patmos], también irá con nosotros a todas partes. Su presencia permanente nos reconfortará y sostendrá". **ST, 06 de Mayo de 1897.**

Cuando se constituya la imagen de la bestia.-

"La imagen de la bestia se constituirá antes del final del tiempo de gracia[48]; porque será la prueba máxima para el pueblo de Dios, que decidirá su destino eterno...

Esta es la prueba[49] por la que el pueblo de Dios debe pasar antes de ser sellado. Todos los que demuestren su lealtad a Dios obedeciendo su ley, y rehusando aceptar un sábado espurio, ingresarán a las filas congregadas bajo el estandarte del Señor Dios Jehová, y recibirán el sello del Dios viviente. Los que rechacen la verdad de origen divino y acepten el domingo como día de reposo, recibirán la marca de la bestia". **1888M:700-701.**

"El mundo puede ser amonestado únicamente viendo cómo los que creen la verdad y son santificados por la verdad, obran guiados por elevados y santos principios y muestran en un elevado sentido la línea de demarcación entre los que observan los mandamientos de Dios y los que los pisotean. La santificación del Espíritu señala la diferencia entre los que tienen el sello de Dios y los que obedecen un día de reposo espurio. Cuando venga la prueba quedará claramente demostrado lo que es la marca de la bestia. Es la obediencia al día domingo. Los que después de haber conocido la verdad continúen considerando este día como santo, llevan la impronta del hombre de pecado, que intentó cambiar los tiempos y las leyes". **BTS, 01 de Diciembre de 1903.**

Dónde y cuándo se aplicará la marca de la bestia.-

"Debido a que un grupo de personas no doblará su rodilla ante la imagen [de la bestia al obedecer el domingo en lugar del séptimo día] y no recibirá la marca de la bestia en la mano o en la frente, sino

---

[47] Al comienzo los decretos de los concilios nacionales serán los que pondrán en vigencia las leyes que exaltarán el día de reposo papal, pero cerca del final del tiempo de gracia, "las naciones... se unirán para invalidar la ley de Dios" (5T:523; compárese con RH, 23 de Abril de 1901).

[48] La formación de la imagen de la bestia es un proceso en desarrollo. Se inicia en los Estados Unidos, pero no termina en el mismo lugar. Finalmente, antes de la terminación del tiempo de gracia, el decreto que pone en vigencia la adoración del... [falso día de reposo] se promulgará en todo el mundo" (ST, 06 de Mayo de 1897). Por eso, ya sea que Elena G. de White hable de la imagen de la bestia en los Estados Unidos o de la imagen mundial de la bestia, causa muy poca diferencia. "La... crisis" que los observadores del sábado tendrán que enfrentar, en cualquier etapa, continúa siendo "la misma crisis" (6T:395).

[49] La formación de la imagen de la bestia incluye una "prueba" en la cual el tema de discusión es: "Aceptación del domingo como día de reposo" o manifestación de "lealtad hacia Dios mediante la obediencia [del sábado] de su ley".

que permanecerá fiel a la verdad porque es la verdad, habrá opresión y un intento de forzar la conciencia".[50] **RH, 15 de Abril de 1890.**

"Cuando alguien obedece el decreto que ordena dejar de trabajar en domingo y adorara Dios, sabiendo que en la Biblia no existe evidencia alguna que muestre que el domingo sea un día diferente de cualquier otro día laborable, entonces esa persona consiente en recibir la marca de la bestia y rehúsa recibir el sello de Dios". **RH, 13 de Julio de 1897.**

"Por el decreto que imponga la institución del papado en violación a la ley de Dios... [América] se separará completamente de la justicia. Cuando el protestantismo extienda la mano a través del abismo para asir la mano del poder romano, cuando se incline por encima del abismo para darse la mano con el espiritismo, cuando, bajo la influencia de esta triple unión... [Estados Unidos] repudie todo principio de su constitución como gobierno protestante y republicano, y haga provisión para la propagación de las mentiras y seducciones papales, entonces sabremos que ha llegado el tiempo en que se verá la asombrosa obra de Satanás, y que el fin está cerca...

Como el acercamiento de los ejércitos romanos fue para los discípulos una señal de la inminente destrucción de Jerusalén, esta apostasía podrá ser para nosotros una señal de que se llegó al límite de la tolerancia de Dios, de que nuestra nación colmó la medida de su iniquidad, y de que el ángel de la misericordia está por emprender el vuelo para nunca volver. Los hijos de Dios se verán entonces sumidos en aquellas escenas de aflicción y angustia de Jacob. Ascienden al cielo los clamores de los fieles y perseguidos. Y como la sangre de Abel clamó desde el suelo, hay voces que claman a Dios desde la tumba de los mártires, desde los sepulcros del mar, desde las cuevas de las montañas, desde las bóvedas de los conventos: "¿Hasta cuándo, Señor, santo y verdadero, no juzgas y vengas nuestra sangre de los que moran en la tierra?". **5T:426-427.**

"Vendrá el tiempo cuando los hombres no sólo prohibirán trabajar en domingo, sino que procurarán forzar a la gente a trabajar en sábado, y comprometerse a la observancia del domingo, so pena de perder su libertad y sus vidas".[51] **MS 22a. 1895.**

"Los dirigentes... [de los Estados Unidos] se ubicarán por encima del magno Creador del mundo... Las leyes que ponen en vigencia la observancia del domingo como día de reposo producirán una apostasía nacional de los principios republicanos que constituyen el fundamento del gobierno, y la ley de Dios será anulada.

Cuando se abrió el quinto sello, Juan el Revelador en visión vio debajo del altar a los fieles que habían sido muertos a causa de la Palabra de Dios y el testimonio de Jesucristo. Después de esto vinieron las escenas descritas en el capítulo 18 de Apocalipsis, cuando los que son fieles y leales son llamados a salir de Babilonia". **20ML:14.**

Otros eventos que ocurren después de la apostasía nacional de los Estados Unidos.-

"Cuando [Estados Unidos], por medio de sus legisladores, abjure de los principios del protestantismo y adopte la apostasía romana al alterar la ley de Dios, entonces se revelará la obra final del hombre de

---

[50] Tanto el sello de Dios como la marca de la bestia se reciben en la frente. La razón parece ser que las facultades superiores de la mente, como la conciencia, se encuentran en los lóbulos frontales del cerebro. El apóstol Pablo habla de "los   se pierden, por cuanto no recibieron el amor de la verdad para ser salvos. Por esto Dios les envía un poder engañoso, para que crean la mentira" (2 Tes. 2:10-11). Para estas personas, el rechazo del sábado y la obediencia al decreto que exige trabajar en sábado y adorar en domingo, se ha convertido en un asunto de escrupulosa convicción. Después de haber rechazado la verdad han llegado a creer que están haciendo un servicio a Dios al adorar en el día de reposo espurio. (Ver Juan 16:2). Estas personas reciben la marca de la bestia en sus frentes.
Otras personas, sabiendo que el domingo no es el día de reposo y adoración de Dios, de todos modos adoran en domingo, porque temen perder su trabajo o ser perseguidos; éstos reciben la marca de la bestia en su mano derecha —la mano que la mayor parte de la gente usa en su trabajo.
En el caso de estas personas, la adoración en domingo no es asunto de escrupulosa convicción, sino de cobardía o conveniencia.
En el caso del sello de Dios ocurre algo parecido como en la marca de la bestia. Se recibe en la frente, porque la obediencia del séptimo día como día de reposo se ha convertido en un asunto de escrupulosa conciencia. Estas personas han resuelto que es más importante obedecer a Dios que a los hombres. (Ver Hechos 5:29). Están tan convencidos de esto, que están dispuestos, si es necesario, a ser leales a Dios hasta la muerte.
[51] Esto sugiere que al comienzo sólo se prohibirá trabajar en domingo. Posteriormente, los poderes actuantes "darán un paso más y dirán que hay que guardar el domingo y no observar el sábado" (1SAT:127). Finalmente procurarán obligar a la gente a trabajar el sábado y a adorar en domingo, y prohibirán la observancia del sábado so pena de perder la libertad y la vida. (Compárese con 20ML:14).

pecado. Los protestantes harán sentir toda su influencia y poder en favor del papado; por medio de un decreto nacional que pone en vigencia el falso día de reposo, infundirán vida y vigor a la fe corrompida de Roma, revivirán su tiranía y opresión de la conciencia. Entonces será el momento cuando Dios obrará con asombroso poder para vindicar su fe.

El profeta dice: "Después de esto vi a otro ángel descender del cielo con gran poder; y la tierra fue alumbrada con su gloria. Y clamó con voz potente, diciendo: Ha caído, ha caído la gran Babilonia, y se ha hecho habitación de demonios y guarida de todo espíritu inmundo, y albergue de toda ave inmunda y aborrecible" (Apoc. 18:1-2). ¿Cuándo sus pecados llegan hasta el cielo? Cuando la ley de Dios finalmente sea invalidada por la legislación. Entonces, el grado extremo de su pueblo es su oportunidad de mostrar quién es el Soberano del cielo la tierra. Mientras un poder satánico agita los elementos de aquí abajo, Dios enviará luz y poder a su pueblo, para que el mensaje de la verdad pueda proclamarse en todo el mundo". **ST, 12 de Junio de 1893**.

"Después que la verdad ha sido proclamada como testimonio para todas las naciones, todos los poderes del mal concebibles serán puestos en acción, y las mentes serán confundidas por muchas voces que clamarán: "¡Aquí está Cristo! ¡Mirad, está allá! ¡Esta es la verdad! ¡Yo tengo el mensaje de Dios, él me ha enviado con gran luz! Entonces se producirá una remoción de las señales, y se intentará destruir los pilares de nuestra fe. Un esfuerzo más decidido se hará para exaltar el falso día de reposo, y para arrojar desprecio sobre Dios mismo al suplantar el día que él ha bendecido y santificado. Este falso día de reposo debe ponerse en vigencia con la ayuda de una ley opresora.[52] Satanás y sus ángeles están bien despiertos e intensamente activos, trabajando con energía y propósito para erradicar de las mentes de los hombres el conocimiento de Dios. Pero mientras Satanás obra con sus portentos mentirosos, se cumplirá el tiempo anunciado en Apocalipsis, y el poderoso ángel que iluminará la tierra con su gloria, proclamará la caída de Babilonia". **RH, 13 de Diciembre de 1892**.

El papado recupera su dominio sobre las naciones cristianas.-

[En la puesta en vigencia del día de reposo papal por la ley] los Estados Unidos no serán los únicos que rindan homenaje al papado. La influencia de Roma en los países que en otro tiempo reconocían su dominio, dista mucho de haber sido destruida. Y la profecía predice la restauración de su poder... Tanto en el Viejo como en el Nuevo Mundo se le tributará homenaje al papado por medio del honor que se conferirá a la institución del domingo". **CS:636**.

"Las Sagradas Escrituras enseñan que el papado recuperará su perdida supremacía, y que los fuegos de la persecución serán reavivados por medio de las concesiones serviles del así llamado mundo protestante". **GCDB, 13 de Abril de 1891**.

"El mundo no conoce más que tempestades, guerras y discordias. Sin embargo, las gentes se unirán bajo una misma dirección, la de la potencia papal, para oponerse a Dios en la persona de sus testigos. Esta unión es cimentada por el gran apóstata". **7T:174**.

"El romanismo en el Viejo Mundo [Europa] y el protestantismo apóstata en el Nuevo [las Américas] actuarán de la misma manera contra los que honren todos los preceptos divinos". **CS:673**.

"Al final de la lucha, toda la cristiandad quedará dividida en dos grandes categorías: la de los que guardan los mandamientos de Dios y la fe de Jesús, y la de los que adoran la bestia y su imagen y reciben su marca". **CS:503**.

"El mundo que pretende ser cristiano será el teatro de acciones grandes y decisivas". **7CBA:961**.

"Satanás estimulará la indignación del cristianismo apóstata contra el humilde remanente que concienzudamente rehúsa aceptar costumbres y tradiciones falsas. Cegados por el príncipe de las tinieblas, los religiosos populares verán sólo como él ve, y sentirán sólo como él siente. Decidirán como él decida y oprimirán como el ha oprimido. La libertad de conciencia, que ha costado grandes sacrificios, dejará de ser respetada. La iglesia y el mundo se unirán, y el mundo prestará poder a la iglesia para aplastar el derecho que la gente tiene de adorar a Dios de acuerdo con su Palabra". **ST, 08 de Noviembre de 1899**.

"La Biblia declara que antes de la venida del Señor, Satanás obrará "con todo poder, y señales, y con maravillas mentirosas, y con todo el artificio de la injusticia", y que todos aquellos que "no admitieron

---

[52] La proclamación de la verdad como testimonio para todas las naciones precede a la puesta en vigencia del falso día de reposo "con la ayuda de una ley opresora". Esto está en armonía con lo que se declara en CS:664-665. Es *después* de esto cuando "el poderoso ángel" de Apocalipsis 18 "proclama la caída de Babilonia". (CS:669-670).

el amor de la verdad" para ser "salvos", serán dejados para que reciban "la eficaz operación de error, a fin de que crean a la mentira". (2 Tes. 2:9-11, V.M.) La caída de Babilonia no será completa sino cuando la iglesia se encuentre en este estado, y la unión de la iglesia con el mundo se haya consumado en toda la cristiandad. El cambio es progresivo y el cumplimiento perfecto de Apocalipsis 14:8 está aún reservado para lo por venir". **CS:440-441.**

La ley que establece la observancia del primer día de la semana es el producto de un cristianismo apóstata. El domingo es un hijo del papado, exaltado por el mundo cristiano por encima del día de reposo sagrado de Dios. El pueblo de Dios no debe rendirle homenaje en ningún caso". **9T:35.**

"Las naciones serán conmovidas en toda su extensión. Se quitará el apoyo a los que proclaman la única norma de justicia de Dios y la única prueba segura de carácter. Y todos los que no se sometan a los decretos de los concilios nacionales[53] y obedezcan las leyes nacionales que ordenan exaltar el día de reposo instituido por el hombre de pecado, por encima del día santo de Dios, sentirán, no solamente el poder opresivo del papado, sino también el del mundo protestante que es la imagen de la bestia". **Ms2 436.**

Participación de todo el mundo.-

"Las exigencias del... sábado espurio [de Roma] tienen que ser impuestas a todo el mundo.[54] Las iglesias protestantes, que habían recibido doctrinas condenadas por la Palabra de Dios, las pondrán en primer plano, y las forzarán sobre la conciencia de los hombres, del mismo modo como las autoridades papales forzaron sus dogmas sobre los defensores de la verdad en el tiempo de Lutero". **HM, 01 de Noviembre de 1891.**

"'Estos tienen un mismo propósito'. Existirá un vínculo de unión universal, una gran armonía, una confederación de las fuerzas de Satanás.[55] "Y entregarán su poder y su autoridad a la bestia". Así se manifiesta el mismo poder arbitrario y opresivo contra la libertad religiosa, la libertad de adorara Dios de acuerdo con los dictados de la conciencia, tal como se manifestó en el papado en tiempos pasados cuando persiguió a los que se atrevieron a rehusar adaptarse a los ritos y ceremonias del romanismo.

En la guerra que se librará en los últimos días, se opondrán al pueblo de Dios unidos todos los poderes corrompidos que han apostatado de su fidelidad a la ley de Jehová. En esta lucha, el día de reposo del cuarto mandamiento será el gran asunto en discusión; porque en el mandamiento del sábado, el gran Legislador se identifica como el Creador de los cielos y la tierra". **7CBA:994.**

Se constituye la imagen de la bestia para que todos la adoren.-

"Los engaños de Satanás inundarán el mundo. El hombre de pecado [la jerarquía papal] ha instituido un día de reposo espurio, y el mundo protestante ha adoptado a este hijo del papado, lo ha cuidado y alimentado. Satanás se propone hacer que todas las naciones beban del vino de la ira de la fornicación de Babilonia... El primer día de la semana será exaltado y presentado a todos para que lo observen". **RH, 04 de Abril de 1890.**

"El primer día de la semana, un día de trabajo común, sin ninguna clase de santidad, será erigido, lo mismo que la imagen [de oro] de Babilonia. Todas las naciones, lenguas y pueblos recibirán la orden de adorar este día de reposo espurio... El decreto que pone en vigencia la adoración de este día se extenderá a todo el mundo...

Todos los que rehúsen adorar este falso día de reposo, en obediencia a la Palabra de Dios, sufrirán vejámenes y persecuciones. El uso de la fuerza es el último recurso de todas las religiones falsas... Al comienzo ofrece atracciones, como... [Nabucodonosor], rey de Babilonia utilizó el poder de la música y de los entretenimientos. Si estas atracciones, inventadas por hombres e inspiradas por Satanás, no

---

[53] Influidos por el ejemplo de los Estados Unidos, los "concilios nacionales" de otras naciones dictarán leyes para poner el domingo en lugar del sábado como día de reposo.

[54] Esto no es sólo que una puesta en vigencia, por parte de los protestantes, de la adoración en domingo en los Estados Unidos, sino además "en el mundo". El que "hace cumplir la ley" de "este día de reposo espurio", es el protestantismo apóstata que obra por medio de los Estados Unidos.

[55] Es muy posible que el espiritismo desempeñe un papel muy importante en la exaltación del domingo en toda la cristiandad y en el resto del mundo con ayuda de la creencia casi universal en la inmortalidad del alma. Es probable que en las calamidades que vendrán, muchos perderán sus vidas, y los espíritus malignos se harán pasar por los difuntos y convencerán a los creyentes en la supervivencia del alma de que estos desastres son causados por "la profanación del domingo" (CS:592).

lograban hacer que los hombres adoraran la imagen, las hambrientas llamas del horno de fuego estaban preparadas para consumirlos. Así también ocurrirá ahora. El papado ha ejercido su poder para obligar a los hombres a obedecerle y continuará haciéndolo. Necesitamos el mismo espíritu que manifestaron los siervos de Dios en el conflicto con el paganismo". **ST, 06 de Mayo de 1897.**

La ley universal del domingo como día de reposo.-
"La sustitución de leyes humanas en lugar de la ley de Dios, la exaltación del domingo prescrita por una simple autoridad humana en reemplazo del sábado bíblico, constituye-el último acto del drama. Cuando esta sustitución sea universal, Dios se revelará". **7T:137.**
"La sustitución de lo verdadero por lo falso es el último acto del drama. Cuando esta sustitución se haga universal,[56] Dios se manifestará.[57] Cuando las leyes de los hombres sean exaltadas por encima de las leyes de Dios, cuando los poderes de este mundo procuren forzara los hombres a que guarden el primer día de la semana, sabremos que ha llegado el tiempo cuando Dios intervendrá. Se levantará en su majestad y sacudirá la tierra en forma terrible". **RH, 23 de Abril de 1901.**
"Dios lleva cuenta de las naciones. A través de todos los siglos de la historia de este mundo, los malhechores han estado acarreando sobre sí ira para el día de la ira; y cuando el tiempo se cumpla plenamente, cuando la iniquidad haya alcanzado el límite establecido por la misericordia de Dios, su paciencia se agotará. Cuando las cifras acumuladas en el registro celestial lleguen al nivel que indique que la suma de la transgresión se completó, vendrá la ira, sin mezcla de misericordia, y entonces se comprenderá lo terrible que ha sido haber agotado la paciencia divina. La crisis culminará cuando las naciones se unan para invalidar la ley de Dios". **5T:494.**
"Es en la crisis cuando se revela el carácter... La gran prueba final viene a la terminación del tiempo de gracia". **PVGM:339.**
"Los justos y los impíos continuarán viviendo en la tierra en su estado mortal, los hombres seguirán plantando y edificando, comiendo y bebiendo, inconscientes todos ellos de que la decisión final e irrevocable ha sido pronunciada en el santuario celestial. Antes del diluvio, después que Noé hubo entrado en el arca, Dios le encerró en ella, dejando afuera a los impíos; pero por espacio de siete días el pueblo, no sabiendo que su suerte estaba decidida, continuó en su indiferente búsqueda de placeres y se mofó de las advertencias del juicio que le amenazaba. "Así —dice el Salvador— será también la venida del Hijo del hombre".[58] Inadvertida como ladrón de medianoche, llegará la hora decisiva que fija el destino de cada uno, cuando será retirado definitivamente el ofrecimiento de la gracia que se dirigiera a los culpables". **CS:545.**

Un decreto de muerte universal.-
"Vi a los santos abandonar las ciudades y los pueblos y juntarse en grupos para vivir en los lugares más apartados. Los ángeles los proveían de comida y agua, mientras que los impíos sufrían hambre y sed. Vi después que los magnates de la tierra consultaban entre sí, y Satanás y sus ángeles estaban atareados en torno de ellos. Vi un edicto del que se repartieron ejemplares por distintas partes de la tierra, el cual ordenaba que si dentro de determinado plazo no renunciaban los santos a su fe peculiar y pres-

---

[56] Las declaraciones anteriores hacen evidente que lo que comienza como un movimiento de agitación en favor de la ley dominical en los Estados Unidos (CS:663) culmina en una ley universal que decreta el carácter sagrado del domingo. Todas las naciones se unen para colocar el domingo en lugar del día de reposo bíblico. Esto ocurre poco antes del final del tiempo de gracia. El decreto de muerte, que también es "universal" (PR:376) y es promulgado después del fin del tiempo de gracia (PE:36-37), al parecer se basa en la ley universal que instituyó el falso día de reposo en lugar del verdadero.

[57] La declaración que sigue aclara cuándo Dios se levantará para castigara los impíos por haber invalidado su ley: "Cuando los impíos hayan llenado su copa de iniquidad [en otras palabras, cuando concluya el tiempo de gracia], entonces el Señor se levantará de su lugar para castigara los habitantes de la tierra... El Soberano Supremo del universo se manifestará a los hombres que han invalidado su ley, para hacerles ver que su autoridad se mantendrá" (WR:216). El Señor no derrama inmediatamente las plagas después que las naciones se unen para invalidar su ley; espera durante un breve período, aun después del fin del tiempo de gracia.

[58] Al parecerse producirá un momento de calma universal después de la institución del domingo en lugar del sábado; porque cuando termine el tiempo de gracia "los hombres estarán plantando y edificando, comiendo y bebiendo". Es durante este período de calma, pero antes del final del tiempo de gracia, que triunfa el mensaje del tercer ángel con el poder adicional de la lluvia tardía.
Los impíos atribuyen esta calma al hecho de que finalmente y en forma universal, han establecido el domingo en lugar del sábado, pero en realidad la calma se debe a que los ángeles restringen los vientos de las dificultades. El pueblo de Dios ve esto como una oportunidad para proclamar "la amonestación final" (CS:669-670).

cindían del sábado para observar el primer día de la semana, quedaría la gente en libertad para matarlos". **PE:282**.

"La ira del hombre se despertará en forma especial contra aquellos que santifican el sábado del cuarto mandamiento; y al fin un decreto universal los denunciará como merecedores de muerte". **PR:376**.

Las plagas caen sobre los que tienen la marca de la bestia.-
"Cuando Cristo deje de interceder en el santuario, se derramará sin mezcla la ira de Dios de la que son amenazados los que adoran a la bestia y a su imagen y reciben su marca... En el Apocalipsis se lee lo siguiente con referencia a esas mismas plagas tan temibles: 'Vino una plaga mala y dañosa sobre los hombres que tenían la señal de la bestia, y sobre los que adoraban su imagen'". **CS:685-686**.

"Cuando los que honran la ley de Dios hayan sido privados de la protección de las leyes humanas, empezará en varios países un movimiento simultáneo para destruirlos. Conforme vaya acercándose el tiempo señalado en el decreto, el pueblo conspirará para extirpar la secta aborrecida. Se convendrá en dar una noche el golpe decisivo, que reducirá completamente al silencio la voz disidente y represora". **CS:693**.

"Dios escogió la media noche para libertar a su pueblo. Mientras los malvados se burlaban en derredor de ellos, apareció de pronto el sol con toda su refulgencia y la luna se paró. Los impíos se asombraron de aquel espectáculo, al paso que los santos contemplaban con solemne júbilo aquella señal de su liberación. En rápida sucesión se produjeron señales y prodigios. Todo parecía haberse desquiciado. Cesaron de fluir los ríos. Aparecieron densas y tenebrosas nubes que entrechocaban unas con otras. Pero había un claro de persistente esplendor de donde salía la voz de Dios como el sonido de muchas aguas estremeciendo los cielos y la tierra. Sobrevino un tremendo terremoto. Abriéndose los sepulcros y los que habían muerto teniendo fe en el mensaje del tercer ángel y guardando el sábado se levantaron, glorificados, de sus polvorientos lechos para escuchar el pacto de paz que Dios iba a hacer con quienes habían observado su ley". **PE:285**.

Las tablas de piedra originales aparecen en el cielo.-
"Por un desgarrón de las nubes una estrella arroja rayos de luz cuyo brillo queda cuadruplicado por el contraste con la oscuridad. Significa esperanza y júbilo para los fieles, pero severidad para los transgresores de la ley de Dios. Los que todo lo sacrificaron por Cristo están entonces seguros... Sus voces se elevan en canto triunfal: "Dios es nuestro refugio; socorro muy bien experimentado en las angustias..." [Salmo 46:1]
Mientras estas palabras de santa confianza se elevan hacia Dios, las nubes se retiran, y el cielo estrellado brilla con esplendor... Entonces aparece en el cielo una mano que sostiene dos tablas de piedra puestas una sobre otra... Esta ley santa... se revela ahora a los hombres como norma de juicio... La memoria se despierta, las tinieblas de la superstición y de la herejía desaparecen de todos los espíritus...
Es imposible describir el horror y la desesperación de aquellos que pisotearon los santos preceptos de Dios... Se empeñaron en obligar al pueblo de Dios a que profanase su sábado. Ahora los condena aquella misma ley que despreciaran". **CS:697**.

"Cuando el templo del cielo se abra, ¡qué momento glorioso será ése para todos los que han sido fieles y leales! En el templo se verá el arca del pacto en la que se colocaron las dos tablas de piedra sobre las cuales está escrita la ley de Dios. Estas tablas de piedra se sacarán del lugar donde están ocultas, y sobre ellas se verán los Diez Mandamientos grabados por el dedo de Dios. Estas tablas de piedra, que ahora están en el arca del pacto, constituirán un testimonio convincente en favor de la verdad y las exigencias obligatorias de la ley de Dios". **7CBA:972**.

"Y al anunciar Dios el día y la hora de la venida de Jesús, cuando dio el sempiterno pacto a su pueblo, pronunciaba una frase y se detenía de hablar mientras las palabras de la frase rodaban por toda la tierra. El Israel de Dios permanecía con los ojos en alto, escuchando las palabras según salían de labios de Jehová y retumbaban por la tierra como fragor del trueno más potente. El espectáculo era pavorosamente solemne, y al terminar cada frase, los santos exclamaban: "¡Gloria! ¡Aleluya!" Sus rostros estaban iluminados con la gloria de Dios... A causa de esta gloria, los impíos no podían mirarlos. Y cuando la bendición eterna fue pronunciada sobre quienes habían honrado a Dios santificando su sábado, resonó un potente grito por la victoria lograda sobre la bestia y su imagen". **PE:34**.

"[El pueblo de Dios] ha estado en el horno de fuego en el mundo, calentado intensamente por las pasiones y los caprichos de los hombres que procuraban obligarlos a adorar a la bestia y a su imagen, y a ser desleales al Dios del cielo. Han salido de las montañas, de las rocas, de las madrigueras y las cuevas de la tierra, de los calabozos, de las prisiones, de los concilios secretos, de las cámaras de tortura, de los cobertizos y de las buhardillas. Han pasado por terribles aflicciones, profunda abnegación y grandes frustraciones. Ya no serán más objetos de burla de hombres impíos. Ya no aparecerán más malos y acongojados ante los ojos de quienes los despreciaron". **2ML:210**.

"Delante del trono, sobre el mar de cristal, —ese mar de vidrio que parece revuelto con fuego por lo mucho que resplandece con la gloria de Dios— hállase reunida la compañía de los que salieron victoriosos 'de la bestia, de su imagen, y de su señal, y del número de su nombre'. Con el Cordero en el monte de Sión, 'teniendo las arpas de Dios', están en pie los ciento cuarenta y cuatro mil que fueron redimidos de entre los hombres; se oye una voz, como el estruendo de muchas aguas y como el estruendo de un gran trueno, 'una voz de tañedores de arpas que tañían con sus arpas'. Cantan 'un cántico nuevo' delante del trono, un cántico que nadie podía aprender sino aquellos ciento cuarenta y cuatro mil. El cántico de Moisés y del Cordero, un canto de liberación. Ninguno sino los ciento cuarenta y cuatro mil pueden aprender aquel cántico, pues es el cántico de su experiencia —una experiencia que ninguna otra compañía ha conocido jamás". **CS:706-707**.

Capítulo 4: Las Pruebas y el Triunfo del Mensaje del Tercer Ángel.

Paciente resistencia frente a la persecución.-
"Acordaos de la palabra que yo os he dicho: El siervo no es mayor que su señor. Si a mí me han perseguido, también a vosotros os perseguirán; si han guardado mi palabra, también guardarán la vuestra". **Juan 15:20.**
"Y aun viene la hora cuando cualquiera que os mate, pensará que rinde servicio a Dios". **Juan 16:2.**
"Porque os entregarán a concilios, y en las sinagogas os azotarán; y delante de gobernadores y de reyes os llevarán por causa de mí, para testimonio a ellos... Pero cuando os trajeren para entregaron, no os preocupéis por lo que habéis de decir, ni lo penséis, sino lo que os fuere dado en aquella hora, eso hablad; porque no sois vosotros los que habláis, sino el Espíritu Santo. Y el hermano entregará a la muerte al hermano, y el padre al hijo; y se levantarán los hijos contra los padres, y los matarán. Y seréis aborrecidos de todos por causa de mi nombre; mas el que persevere hasta el fin, éste será salvo". **Marcos 13:9, 11-13.**
"Cuando abrió el quinto sello, vi bajo el altar las almas de los que habían sido muertos por causa de la palabra de Dios y por el testimonio que tenían". **Apoc. 6:9.**
"Y vi tronos, y se sentaron sobre ellos los que recibieron facultad de juzgar; y vi las almas de los decapitados por causa del testimonio de Jesús y por la palabra de Dios, los que no habían adorado a la bestia ni a su imagen, y que no recibieron la marca en sus frentes ni en sus manos; y vivieron y reinaron con Cristo mil años". **Apoc. 20:4.**
"Porque este Dios es Dios nuestro eternamente y para siempre; él nos guiará aun más allá de la muerte". **Salmo 48:14.**
"Sé fiel hasta la muerte, y yo te daré la corona de la vida". **Apoc. 2:10.**

Se predice oposición y persecución de los adventistas.-
"Severas pruebas pronto sobrecogerán al pueblo de Dios en éste [Estados Unidos] y otros países". **RH, 13 de Marzo de 1886.**
"Cuán pocos, aun entre los que afirman creer en la verdad presente, comprenden las señales de los tiempos, o lo que tendrán que experimentar antes del fin". **RH, 04 de Abril de 1893.**
"Actualmente pareciera que nadie nos nota, pero esto no siempre será así. Se están llevando a cabo ciertos movimientos que nos pondrán en primer plano, y si nuestras teorías de la verdad pueden ser reducidas a pedazos por... los grandes hombres del mundo, será hecho". **Carta 6, 1886.**
"No sabemos cuán pronto seremos señalados como ciudadanos irrespetuosos de la ley, porque el príncipe del poder del aire se está posesionando de las mentes de los hombres. Podemos escoger entre obedecer esos poderes y deshonrar a Dios, o desobedecer a esos poderes y honrar a Dios... Hay una enorme diferencia entre estar del lado de Dios en este asunto o no. Puede ser que sean llamados a comparecer delante de los tribunales, en esas emergencias piensen en -la promesa del Señor: "Yo estoy allí"... y podemos permanecer firmes aunque el mundo entero se nos oponga". **ATO:99; Ms 11, 1893.**
"La ley de Dios será invalidada por instigación de Satanás. En nuestro país [Estados Unidos] que se jacta de la libertad, desaparecerá la libertad religiosa. La prueba se definirá en torno al asunto del sábado, lo cual agitará a la totalidad del mundo". **HM, 02 de Febrero de 1890.**
"En la legislación dominical hay posibilidad de mucho sufrimiento para los que observen el séptimo día. La puesta en acción de los planes satánicos acarreará persecución al pueblo de Dios. Pero los fieles siervos de Dios no necesitan temer el resultado del conflicto. Si siguen el modelo establecido en la vida de Cristo, si son fieles a los requerimientos de Dios, su recompensa será la vida eterna, una vida que se mide con la vida de Dios". **RH, 30 de Septiembre de 1909.**
"Cada vez que se desata la persecución, los espectadores efectúan decisiones por Cristo o contra él". **RH, 20 de Diciembre de 1898.**

Una sesión de estrategia secreta de Satanás.-
"A medida que el pueblo de Dios se aproxima a los peligros de los últimos días, Satanás consulta con sus ángeles en cuanto al plan de más éxito para neutralizar su fe...
Dice el gran engañador: ...

"El día de reposo es el gran asunto que decidirá el destino de las almas. Debemos exaltar el día de reposo de nuestra creación. Hemos conseguido que sea aceptado por la gente mundana y por los miembros de iglesia; ahora la iglesia debe ser inducida a unirse con el mundo para obtener su apoyo. Debemos obrar señales y portentos para cegar los ojos a fin de que no vean la verdad, y conducirlos fuera de la razón y el temor de Dios para que sigan la costumbre y la tradición.

"Influiré sobre los ministros populares para que desvíen la atención de sus oyentes de los mandamientos de Dios...

"Pero nuestra preocupación principal es silenciar a esa secta de observadores del sábado. Tenemos que instigar la indignación popular contra ellos. Atraeremos a nuestro lado a hombres famosos y a personas experimentadas en las cosas del mundo e induciremos a las autoridades a llevar a cabo nuestros propósitos. Entonces el día de reposo que yo he establecido será impuesto por leyes muy severas y exigentes. Los que las desobedezcan serán expulsados de las ciudades y aldeas, y tendrán que pasar hambre y privación. Entonces, cuando tengamos el poder, mostraremos lo que podemos hacer con aquellos que no se aparten de su fidelidad a Dios... Ahora que estamos poniendo en armonía a las iglesias protestantes con el mundo mediante este brazo derecho de nuestro poder, finalmente dispondremos de una ley para exterminar a todos los que no se sometan a nuestra autoridad. Cuando se imponga la muerte como castigo[59] por violar nuestro día de reposo, entonces muchos que ahora se encuentran en las filas de los observadores de los mandamientos, se pasarán a nuestro lado". **4SP:337-338.**

La experiencia aflictiva que nos espera.-

"Sucede muchas veces que los peligros que se esperan no resultan tan grandes como uno se los había imaginado; pero éste no es el caso respecto de la crisis que nos espera. La imaginación más fecunda no alcanza a darse cuenta de la magnitud de tan dolorosa prueba". **CS:680.**

"Muchos serán llevados a dormir en Jesús antes que la experiencia aflictiva del tiempo de angustia sobrecoja a nuestro mundo". **GCDB, 26 de Febrero de 1897.**

"Muchos pequeñitos morirán antes del tiempo de angustia. Volveremos a ver a nuestros hijos. Los encontraremos y los reconoceremos en las cortes celestiales". **EUD:259.**

"Antes de mucho nos encontraremos en situaciones estrechas y difíciles, y muchos de los niños que han venido al mundo serán tomados por misericordia antes que llegue el tiempo de angustia". **3MS:479.**

Cómo hacer frente a las leyes dominicales cuando vengan.-

No debemos provocara aquellos que han aceptado el falso día de descanso... Su falta de argumentos bíblicos a su favor los encoleriza más, y los hace más determinados a suplir con el poder de su fuerza los argumentos que faltan en la Palabra de Dios. La fuerza de la persecución sigue los pasos del dragón; por lo tanto, debe ejercerse gran cuidado para no causar ninguna provocación. Y de nuevo: limpiemos como pueblo el campamento de toda contaminación moral y pecados agravantes". **3MS:439.**

"No es sensato criticar constantemente lo que hacen los dirigentes del gobierno. No es nuestra obra atacar a individuos o instituciones...

Vendrá el tiempo cuando expresiones imprudentes de carácter denunciatorio, que nuestros hermanos han pronunciado o escrito descuidadamente, serán usadas por nuestros enemigos para condenarnos. No serán usadas solamente para condenar a sus autores, sino que serán atribuidas a todo el cuerpo de, adventistas. Nuestros acusadores dirán que en tal y tal día uno de nuestros hombres responsables dijo esto o lo otro contra la administración de las leyes de este gobierno". **6T:394-395.**

"Vendrá el tiempo cuando seremos llamados a comparecer delante de reyes y gobernantes, magistrados y poderes, para defender la verdad. Entonces será una sorpresa para esos testigos saber que su posición, sus palabras, sus propias expresiones hechas de una manera descuidada para atacar el error o defender la verdad —expresiones que ellos no creyeron que serían recordadas—, serán reproducidas, y tendrán que hacerles frente; y sus enemigos tendrán la ventaja, pues pondrán su propia interpretación sobre esas palabras que fueron habladas en forma poco sabia". **3MS:461.**

---

[59] La pena de muerte que aquí se menciona no es el "decreto [de muerte] universal" (PR:376; CS:689), porque el decreto de muerte mundial se promulga después de la terminación del tiempo de gracia (PE:36-37). Los martirios resultantes de la imposición de la pena de muerte ocurren antes del cierre del tiempo de gracia; porque, "después que Jesús se levanta del trono de la mediación, cada caso quedará decidido, y la opresión y la muerte que amenazan al pueblo de Dios no servirán entonces de testimonio en favor de la verdad" (3MS:399).

"No debemos hacer un esfuerzo especial para lanzar expresiones duras contra los católicos. Entre los católicos hay muchos que son cristianos muy concienzudos". **Carta 11, 1895**.

"Todas las expresiones hirientes volveremos a encontrarlas en doble medida cuando el poder esté en las manos de los que pueden usarlo para causarnos daño". **RH, 16 de Marzo de 1911**.

El fuerte clamor será seguido por persecución.-
"Cuando llegue el tiempo de ... [el mensaje del tercer ángel] hacerlo con el mayor poder... Habrá hombres de fe y de oración que se sentirán impelidos a declarar con santo entusiasmo las palabras que Dios les inspire. Los pecados de Babilonia serán denunciados. Los resultados funestos y espantosos de la imposición de las observancias de la iglesia por la autoridad civil, las invasiones del espiritismo, los progresos secretos pero rápidos del poder papal —todo será desenmascarado. Estas solemnes amonestaciones conmoverán al pueblo. Miles y miles de personas que nunca habrán oído palabras semejantes, las escucharán... Cuando el pueblo acuda a sus antiguos conductores espirituales a preguntarles con ansia: ¿Son esas cosas así? los ministros aducirán fábulas, profetizarán cosas agradables... Pero como muchas personas no se contentan con las meras razones de los hombres y exigen un positivo 'Así dice Jehová', los ministros populares... airándose al ver que se pone en duda su autoridad, denunciarán el mensaje como si viniese de Satanás e incitarán a las multitudes dadas al pecado a que injurien y persigan a los que lo proclaman.

Satanás se pondrá alerta al ver que la controversia se extiende a nuevos campos y que la atención del pueblo es dirigida a la pisoteada ley de Dios. El poder que acompaña a la proclamación del mensaje sólo desesperará a los que se le oponen. El clero hará esfuerzos casi sobrehumanos para sofocar la luz por temor de que alumbre a sus rebaños. Por todos los medios a su alcance los ministros tratarán de evitar toda discusión sobre estas cuestiones vitales. La iglesia apelará al brazo poderoso de la autoridad civil y en esta obra los papistas y los protestantes irán unidos. Al paso que el movimiento en favor de la imposición del domingo se vuelva más audaz y decidido, la ley será invocada contra los que observan los mandamientos". **CS:664-665**.

"[Estados Unidos está llenando rápidamente la copa de su iniquidad… Carece de previsión la política que están siguiendo los dirigentes del país, en cuanto a restaurar al hombre de pecado su ascendencia perdida. Están manifestando un celo admirable al poner este día de reposo espurio bajo el cuidado y la protección de sus legislaturas; pero no saben lo que están haciendo. Están concediendo honores divinos a un día de reposo falso, y cuando este proceso se haya completado, habrá persecución contra los observadores del día de reposo bíblico… Entonces el mandamiento de hombres será revestido con ropaje sagrado y se anunciará que es santo". **13ML:69-70; Ms 15, 1896**.

La persecución será progresivamente más severa.-
"Hombres de posición y reputación se unirán con los inicuos y los viles para maquinar contra el pueblo de Dios. La riqueza, el genio y la educación se combinarán para cubrirlos de escarnio. Los perseguidores gobernantes, ministros de la religión y miembros de las iglesias conspirarán contra ellos. De viva voz y por la pluma, con jactanciosas amenazas y ridículo, procurarán destruir su fe. Por calumnias y airados llamamientos, despertarán las pasiones del pueblo".**5T:450**.

"En el futuro, hombres que se digan representantes de Cristo seguirán una conducta similar a la de los sacerdotes y príncipes en su manera de tratara Cristo y a los apóstoles. En la gran crisis por la cual tendrán que pasar pronto, los fieles siervos de Dios encontrarán la misma dureza de corazón, la misma cruel determinación y el mismo odio implacable". **HA:344**.

"[A los observadores del sábado] se les amenazará con multas[60] y encarcelamiento; a algunos se les ofrecerán puestos de influencia y otras ventajas para inducirlos a que renuncien a su fe...

Cuando los defensores de la verdad se nieguen a honrar el domingo, unos serán echados en la cárcel, otros serán desterrados[61] y otros aún tratados como esclavos...

Conforme vaya acercándose la tempestad, muchos que profesaron creer en el mensaje del tercer ángel, pero que no fueron santificados por la obediencia a la verdad, abandonarán su fe, e irán a engrosar las

---

[60] "Si el pago de una multa libra a nuestros hermanos de las manos de estos opresores, que paguen la multa" (UL:40).
[61] Vendrá un tiempo cuando se producirá una gran dispersión... Algunos... serán llevados a regiones remotas. Pero Dios tendrá una obra para que cada uno haga en ese lugar" 5ML:72-73). Resulta claro que esta dispersión ocurrirá antes del fin del tiempo de gracia, porque Dios tendrá una obra para que hagan los esparcidos cuando lleguen a esas regiones remotas.

filas de la oposición... Cuando los observadores del sábado sean llevados ante los tribunales para responder de su fe, estos apóstatas serán los agentes más activos de Satanás para calumniarlos y acusarlos y para incitar a los magistrados contra ellos por medio de falsos informes e insinuaciones. [{Las} más grandes pruebas {experimentadas por el pueblo de Dios} procederán de los que una vez fueron defensores de la verdad, pero se apartaron de ella para pasarse al mundo, y la pisotearon con odio y burla.[62] [{Estos apóstatas} llegarán a ser... sus peores perseguidores].[63] Darán falso testimonio contra sus hermanos, para asegurar su propia seguridad. Denunciarán el lugar donde se ocultan sus hermanos, y así pondrán a los lobos en su huella. Cristo nos ha amonestado acerca de esto, para que no nos sorprendamos por el comportamiento cruel y antinatural manifestado por amigos y familiares.[64]

En aquel tiempo de persecución la fe de los siervos de Dios será probada duramente. Proclamaron fielmente la amonestación mirando tan solo a Dios y a su Palabra. El Espíritu de Dios, que obraba en sus corazones, les constriñó a hablar... Sin embargo cuando la tempestad de la oposición y del vituperio estalle sobre ellos, algunos, consternados, estarán listos para exclamar: 'Si hubiésemos previsto las consecuencias de nuestras palabras, habríamos callado'. Estarán rodeados de dificultades. Satanás los asaltará con terribles tentaciones. La obra que habrán emprendido parecerá exceder en mucho sus capacidades. Los amenazará la destrucción. El entusiasmo que les animara se desvanecerá; sin embargo no podrán retroceder. Y entonces, sintiendo su completa incapacidad, se dirigirán al Todopoderoso en demanda de auxilio...

Conforme va revistiendo la oposición un carácter más violento, los siervos de Dios se ponen de nuevo perplejos, pues les parece que son ellos mismos los que han precipitado la crisis. [Tienen incertidumbres que... no saben cómo resolver].[65] Pero su conciencia y la Palabra de Dios les dan la seguridad de estar en lo justo; y aunque sigan las pruebas se sienten robustecidos para sufrirlas. La lucha se encona más y más, pero la fe y el valor de ellos aumentan con el peligro...

Pero mientras Jesús siga intercediendo por el hombre en el santuario celestial, los gobernantes y el pueblo seguirán sintiendo la influencia refrenadora del Espíritu Santo... La oposición de los enemigos de la verdad será coartada para que el mensaje del tercer ángel pueda hacer su obra...

El ángel que une su voz a la proclamación del tercer mensaje, alumbrará toda la tierra con su gloria. Así se predice una obra de extensión universal y de poder extraordinario...

Esta obra será semejante a la que se realizó en el día de Pentecostés". **CS:666-669.**

Pasos progresivos de la persecución venidera.-

"Los protestantes de los Estados Unidos serán los primeros en tender las manos a través de un doble abismo al espiritismo y al poder romano; y bajo la influencia de esta triple alianza ese país marchará en las huellas de Roma, pisoteando los derechos de la conciencia". **CS:645.**

"Se acerca el tiempo en que no podremos vender a ningún precio. Pronto se promulgará el decreto que prohibirá a los hombres comprar o vender si no tienen la marca de la bestia". **5T:152.**

"[Satanás dijo en su sesión sobre estrategia:] 'Cuando la muerte sea el castigo por la violación de nuestro día de reposo, entonces muchos que ahora se encuentran en las filas de los observadores de los mandamientos se pasarán a nuestro lado'". **4SP:338.**

La iglesia de Dios causará la impresión de estar a punto de caer.-

"Vi a nuestro pueblo en gran angustia, llorando, orando y reclamando las fieles promesas de Dios, en tanto que los impíos estaban alrededor de nosotros burlándose y amenazando con destruirnos. Ridiculizaban nuestra debilidad, se mofaban de nuestra insignificancia numérica reducido, y nos vituperaban con palabras concebidas para ofender profundamente. Nos acusaban de haber adoptado una posición independiente del resto del mundo. Nos habían quitado nuestros recursos de modo tal que no podíamos comprar ni vender, y señalaban nuestra abyecta pobreza y nuestra agobiante condición. No lograban comprender cómo podíamos vivir apartados del mundo. Según ellos, dependíamos del mundo y debíamos admitir sus costumbres, prácticas y leyes, o salir de él. Si en verdad éramos el único pueblo

---

[62] RH, 10 de Enero de 1888.

[63] RH, 10 de Enero de 1888.

[64] RH, 20 de Diciembre de 1898.

[65] 8T:254.

del mundo que gozaba del favor divino, las apariencias indicaban en forma aterradora todo lo contrario. Los impíos aseguraban que tenían la verdad, que entre ellos se efectuaban milagros, que lo ángeles del cielo les hablaban y andaban a su lado, que se manifestaban entre ellos un gran poder, señales y prodigios, y que ése era el milenio temporal, que habían aguardado durante tanto tiempo. El mundo entero se había convertido y aceptado la ley dominical, en tanto que ese grupo pequeño y débil seguía desafiando las leyes terrenales y las divinas, y afirmando ser el único poseedor de la verdad.[66] **Maranata:209**.

"La iglesia todavía verá tiempos turbulentos. Tendrá que profetizar en túnica de penitente. Pero aunque tiene que hacer frente a herejías y persecuciones, aunque tiene que luchar con los infieles y los apóstatas, sin embargo con la ayuda de Dios está hiriendo la cabeza de Satanás. El Señor tendrá un pueblo tan firme como el acero y con una fe tan sólida como la roca de granito. Tendrán que ser sus testigos en el mundo, sus instrumentos para efectuar una obra especial y gloriosa[67] en el día de su preparación". **4T:594-595**.

"La obra que la iglesia no ha hecho en tiempo de paz y prosperidad, tendrá que hacerla durante una terrible crisis, en las circunstancias más desalentadoras y prohibitivas. Las amonestaciones que la conformidad al mundo ha hecho callar o retener, deberán darse bajo la más fiera oposición de los enemigos de la fe. Y en ese tiempo la clase superficial y conservadora, cuya influencia impidió constantemente los progresos de la obra renunciará a la fe y se colocará con sus enemigos declarados, hacia los cuales sus simpatías han estado tendiendo durante mucho tiempo. Esos apóstatas manifestarán entonces la más acerba enemistad y harán cuanto puedan para oprimir y vilipendiar a sus antiguos hermanos, y para excitar la indignación contra ellos. Ese día está por sobrecogernos... Los miembros de la iglesia serán probados individualmente. Serán puestos en circunstancias donde se verán obligados a dar testimonio por la verdad. Muchos serán llamados a hablar ante concilios y tribunales, tal vez por separado y a solas". **5T:463**.

"Quizá parezca que la iglesia está por caer, pero no caerá. Permanecerá, mientras que los pecadores en Sión serán eliminados por la zaranda: el tamo será separado del precioso trigo. Esta es una prueba terrible, y sin embargo se llevará a cabo. Nadie, sino únicamente los que han llegado a ser vencedores por la sangre del Cordero y la palabra del testimonio de ellos, serán hallados con los leales y fieles... Los del remanente que purifican sus almas obedeciendo la verdad, obtienen vigor del proceso de la prueba, exhiben la belleza de la santidad en medio de la apostasía circundante". **7CBA:911**.

"A todos los que han soportado la tentación con la fortaleza del Todopoderoso, se les permitirá participar en la proclamación... [del mensaje del tercer ángel] cuando su tono aumente hasta alcanzar la intensidad del clamor en alta voz". **HS:155**.

"Satanás, con la cooperación de sus ángeles y los hombres malvados, desplegará todo esfuerzo posible para obtener la victoria, y parecerá estar teniendo éxito. Perola verdad y la justicia saldrán de este conflicto, coronadas de triunfante victoria". **3MS:449**.

"El gran conflicto entre el bien y el mal aumentará en intensidad hasta la consumación de los tiempos. En todas las edades la ira de Satanás se ha manifestado contra la iglesia de Cristo; y Dios ha derramado su gracia y su espíritu sobre su pueblo para robustecerlo contra el poder del maligno... Pero a medida que la iglesia se va acercando a su liberación final, Satanás obrará con mayor poder. Descenderá "teniendo grande ira, sabiendo que tiene poco tiempo'... Y en el conflicto final se emplearán contra el pueblo de Dios todos los recursos de la habilidad y sutileza satánicas, y toda la crueldad desarrollada en esas luchas seculares. Durante este tiempo de peligro los discípulos de Cristo tienen que dar al mundo la amonestación del segundo advenimiento del Señor". **CS ix, xii**.

---

[66] Esta declaración causa la impresión de describir eventos que ocurren *antes* del fin del tiempo de gracia, porque esta misma carta continúa diciendo que "alrededor del trono se encontraban los mártires. Entre ellos vi a los que hasta hacía poco se hallaban en una miseria tan abyecta". Puesto que según el CS:634, "ninguno del pueblo de Dios pierde su vida después del fin del tiempo de gracia, es muy probable que estos eventos ocurren *antes* del fin del tiempo de gracia.

[67] Lo mismo que los judíos de la antigüedad, a quienes les agradaba mirar al futuro cuando se establecería el glorioso reino del Mesías, pero pasaron por alto la venida del Mesías como el Siervo sufriente, los adventistas del séptimo día se complacen en mirar hacia el triunfo del mensaje del tercer ángel, pero no perciben el hecho de que antes del triunfo del mensaje, la iglesia pasará por tiempos terribles. Sólo después del zarandeo se derramará la lluvia tardía y triunfará el mensaje del tercer ángel. Nunca debemos olvidar que Satanás, quien instigó el asesinato de más de seis millones de judíos, no ama al remanente de Dios ni un poquito más de lo que amaba a esos judíos; en efecto, es posible que los ame menos aún.

Se predice un tiempo de severa persecución y martirio.-
"El mundo cristiano se enterará de lo que el romanismo es realmente, cuando sea demasiado tarde para escapar de la trampa. Se está invistiendo silenciosamente de poder. Sus doctrinas están ejerciendo influencia en los salones legislativos, en las iglesias y en los corazones de los hombres. También está multiplicando en todo el país sus monumentales edificios, en las cámaras secretas de los cuales se repetirán sus antiguas persecuciones". **4SP:397.**

"Los protestantes trabajarán con los dirigentes del país [Estados Unidos] para dictar leyes que permitan restaurarla perdida ascendencia del hombre de pecado, que se sienta en el templo de Dios, mostrándose como Dios. Los principios católicos romanos serán cuidados y protegidos por el Estado. Esta apostasía nacional será seguida rápidamente por la ruina nacional. La protesta de la verdad bíblica no será tolerada por más tiempo por los que no han hecho de la ley de Dios la regla para su conducta. Entonces se oirá una voz procedente de las tumbas de los mártires, representados por los muertos a causa de la palabra de Dios y el testimonio de Jesús que ellos respetaron, que Juan vio en visión; entonces ascenderá esta oración de parte de cada verdadero hijo de Dios: 'Ya es tiempo, Señor, que obres, porque han invalidado tu ley'". **TSA:52.**

"Por el decreto que imponga la institución del papado en violación a la Ley de Dios... Estados Unidos se separará completamente de la justicia... Como el acercamiento de los ejércitos romanos fue para los discípulos una señal de la inminente destrucción de Jerusalén, esta apostasía podrá ser para nosotros una señal de que se llegó al límite de la tolerancia de Dios, de que nuestra nación colmó la medida de su iniquidad, y de que el ángel de la misericordia está por emprender el vuelo para nunca volver. Los hijos de Dios se verán entonces sumidos en aquellas escenas de aflicción y angustia de Jacob.[68] Ascienden al cielo los clamores de los fieles perseguidos. Y como la sangre de Abel clamó desde el suelo, hay voces que claman a Dios desde la tumba de los mártires, desde los sepulcros del mar, desde las cuevas de las montañas, desde las bóvedas de los conventos". **5T:451.**

"Los dos ejércitos permanecerán distintos y separados, y esta distinción será tan marcada que muchos que serán convencidos por la verdad se pasarán al bando del pueblo que observa los mandamientos de Dios. Cuando esta obra grandiosa ocurra en la batalla, antes del conflicto final, muchos serán encarcelados, muchos escaparán de las ciudades y los pueblos para salvar sus vidas, y muchos serán mártires[69] por amor de Cristo al levantarse en defensa de la verdad". **2MS:397.**

La severidad de la persecución de los últimos días.-
"Es inútil pensar que no tendremos que soportar la persecución; tendremos que pasar por tiempos terribles". **RH, 29 de Abril de 1890.**

"La persecución de los protestantes por el romanismo, que casi aniquiló la religión de Jesucristo, será emulada con ventaja cuando el protestantismo y el papado combinen sus fuerzas. Las escenas de traición, el rechazo y la crucifixión de Cristo han vuelto a representarse [durante períodos anteriores de persecución], y volverán a representarse en inmensa escala. La gente estará llena de las características del enemigo, cuyos engaños ejercerán gran poder sobre ella...
Las escenas representadas en la cruz se están representando nuevamente... No necesitamos sorprendernos por nada que pueda suceder ahora. No es necesario que nos asombremos ante ningún acontecimiento espantoso". **RH, 30 de Junio de 1900.**

"Y vi tronos, y se sentaron sobre ellos, los que recibieron facultad de juzgar; y vi las almas de los decapitados por causa del testimonio de Jesús y por la palabra de Dios, los que no habían adorado a la bestia ni a su imagen, y que no recibieron la marca en sus frentes ni en sus manos; y vivieron y reinaron con Cristo mil años". **Apoc. 20:4.**

"La apostasía es lo que obra en los hijos de desobediencia para acallar la voz de quienes los están llamando a la obediencia, y provocan a los fieles para que sean desleales como Caín provocó a Abel. Un espíritu demoníaco toma posesión de los hombres en nuestro mundo... La inteligencia de Satán... des-

---

[68] Aunque el tiempo de la angustia de Jacob ocurre después del fin del tiempo de gracia, de acuerdo con PE:36-37, esta declaración sugiere que habrá un tiempo de angustia de Jacob para los que sufren el martirio después de la apostasía nacional de los Estados Unidos.

[69] Es evidente que estos martirios ocurren antes del fin del tiempo de gracia, porque todavía sería posible para los que decidan hacerlo, "pasarse al bando del pueblo que guarda los mandamientos de Dios".

garrará y destruirá al hombre formado a la semejanza divina porque... [el hombre] no puede controlar la conciencia de su hermano y hacerlo traidor a la santa ley de Dios". **ATO:283**.

Dios promete poder espiritual en proporción con las pruebas en la crisis venidera.-
"Muchos descuidarán sus deberes actuales, su comodidad y bendiciones, echándose encima antes de tiempo dificultades referentes a la crisis futura. El resultado de esto será padecer el tiempo de angustia por adelantado, y no recibiremos gracia para hacer frente a esas angustias extemporáneas". **3MS:438**.
"A medida que nos aproximamos al final de la historia terrena, tendremos a nuestra disposición un aumento de poder, en proporción a las dificultades que experimentemos. No debemos mantenemos en un estado de preocupación y duda". **2ML:329**.
"Dios no nos da el espíritu de los mártires en la actualidad, porque no hemos llegado al punto del martirio. El ahora nos está probando por medio de pruebas y cruces más pequeñas, y en ocasiones cuando parece que las grandes olas de la tentación caerán sobre nosotros, recordemos que el ojo de Dios nos observa, y estemos dispuestos a soportar todas las pruebas que él considere conveniente enviarnos". **HS:233**.
"Debemos aprender ahora las lecciones de fe si hemos de permanecer en pie en el tiempo de angustia que viene sobre todo el mundo para probar a los que moran en la tierra. Debemos tener el valor de los héroes y la fe de los mártires". **ATO:30**.
"Algunos de nosotros seremos puestos ahora en pruebas igualmente severas [como los hombres fieles que rehusaron inclinarse antela estatua de oro]. ¿Obedeceremos los mandamientos de los hombres o los mandamientos de Dios?... Si él quiere permitir que seamos mártires por causa de la verdad, esto puede ser el medio de atraer a muchos otros hacia la verdad". **Ms 480**.
"Mientras nos levantamos para defender la verdad, no lo hagamos para defender nuestro yo, y no hagamos una gran alharaca porque se nos llama a soportar oprobio y tergiversación". **RH, 10 de Enero de 1888**.

Duración del conflicto.-
"El último gran conflicto será corto, pero terrible". **GCDB, 02 de Marzo de 1899**.

Cristo nos ha mostrado su plan de batalla.-
"Tenemos un Salvador viviente, quien no nos ha dejado en el mundo para que lidiemos solos en la batalla. No. Pero tampoco él nos ha halagado... Nos dice... 'Cualquiera que os mate, pensará que rinde servicio a Dios' (Juan 16:2). Este es un terrible engaño que afecta la mente humana. Pero aquí él nos ha mostrado su plan de batalla. Nos ha dicho lo que podemos esperar: 'Porque no tenemos, lucha contra sangre y carne, sino contra principados, contra potestades, contra los gobernadores de las tinieblas de este siglo, contra huestes espirituales de maldad en las regiones celestes' (Efesios 6:12)". **Ms 49, 1894**.
"Dios no ha ocultado a sus seguidores el plan de batalla. Ha presentado el gran conflicto delante de su pueblo, y le ha hecho escuchar palabras de ánimo. Les ordena no entrar a la batalla sin contar el costo, mientras que al mismo tiempo les asegura que, si confían en El, no lucharán solos, sino que instrumentos sobrenaturales fortalecerán a los débiles para que lleguen a ser fuertes para enfrentarla vasta confederación del mal dispuesta contra ellos. Los señala ante el universo, y les asegura que seres santos están luchando contra principados, contra potestades, contra los gobernadores de las tinieblas de este mundo, contra huestes espirituales de maldad en las regiones celestes...
Los hijos de Dios deben cooperar con toda la hueste invisible de luz. En sus filas hay más que ángeles; el Espíritu Santo, el representante del Capitán del ejército del Señor, desciende a dirigir la batalla". **ATO:80**.

Triunfo glorioso del mensaje del tercer ángel.-
"Vendrán siervos de Dios con semblantes iluminados y resplandecientes de santa consagración, y se apresurarán de lugar en lugar para proclamar el mensaje celestial. Miles de voces predicarán el mensaje por toda la tierra. [Los hombres y las mujeres se convertirán y estarán de tal manera llenos del Espíritu de Dios que irán de país en país, de ciudad en ciudad, proclamando el mensaje de la verdad].[70] Se

---

[70] ATO:14.

realizarán milagros, los enfermos sanarán y signos y prodigios seguirán a los creyentes. Satanás también efectuará sus falsos milagros, al punto de hacer caer fuego del cielo a la vista de los hombres. Es así como los habitantes de la tierra tendrán que decidirse en pro o en contra de la verdad". **CS:670**.

Capítulo 5: Ángeles Buenos y Malos y las Imitaciones Fraudulentas de Satanás.

Fuerzas sobrehumanas en el gran conflicto.-

"Porque no tenemos lucha contra sangre y carne, sino contra principados, contra potestades, contra los gobernadores de las tinieblas de este siglo, contra huestes espirituales de maldad[71] en las regiones celestes. Por tanto, tomad toda la armadura de Dios, para que podáis resistir en el día malo, y habiendo acabado todo, estar firmes". **Efe. 6:12-13**.

"¿No son todos espíritus ministradores, enviados para servicio a favor de los que serán herederos de la salvación?". **Heb. 1:14**.

"El mismo Satanás se disfraza como ángel de luz". **2 Cor. 11:14**.

"Porque se levantarán falsos Cristos, y falsos profetas, y harán grandes señales y prodigios, de tal manera que engañarán, si fuere posible, aun a los escogidos". **Mat. 24:24**.

"Inicuo cuyo advenimiento es por obra de Satanás, con gran poder y señales y prodigios mentirosos, y con todo engaño de iniquidad para los que se pierden, por cuanto no recibieron el amor de la verdad para ser salvos". **2 Tes. 2:9-10**.

El espiritismo.-

"Satanás ha estado preparándose desde hace tiempo para su último esfuerzo para engañar al mundo. El cimiento de su obra lo puso en la afirmación que hiciera a Eva en el Edén: 'De seguro no moriréis'.[72] En el día que comiereis de él, vuestros ojos serán abiertos, y seréis como Dios, conocedores del bien y del mal' [Gén. 3:4-5]. Poco a poco [Satanás] ha preparado el camino para su obra; no ha logrado realizar completamente sus designios, pero lo conseguirá en el poco tiempo que nos separa del fin... Todos menos los que estén protegidos por el poder de Dios y la fe en su Palabra, se verán envueltos en ese engaño". **CS:618**.

"Pruebas" de los espíritus.-

"Muchos que rehúsan los mensajes que el Señor les envía están buscando clavos para colgar sus dudas...

Está por llegar el día cuando Satanás contestará el pedido de esas personas que dudan y hará numerosos milagros para confirmar la fe de todos los que buscan esa clase de evidencia". **Ev:431-432; Carta 4, 1889**.

---

[71] Detrás de las escenas de los asuntos terrenales, fuerzas invisibles se encuentran trabadas en combate mortal para lograr el control de las mentes humanas. A diferencia de las batallas militares, ninguno de los dos bandos puede efectuar progreso alguno en esta lucha, sin el consentimiento del agente humano. Los seres angélicos pueden ser superiores a los seres humanos en conocimiento y fuerza (2 Sam. 14:17; Eze. 28:3), y sin embargo, aunque parezca extraño, los seres humanos son los que determinan el resultado de la lucha. Este es un principio básico que gobierna el conflicto cósmico invisible entre las fuerzas del bien y las del mal. Aunque los seres humanos determinan el resultado de la lucha, no pueden oponer un lado contra el otro indefinidamente. Ambos lados desean mantener el control total, pero con una diferencia. Debido a nuestras propensiones congénitas hacia el mal, las fuerzas del bien pueden triunfar únicamente cuando permitimos que Cristo ejerza control total de nuestras vidas. Por otra parte, las fuerzas del mal pueden ganar obteniendo un control parcial. Esto significa que al no elegir el lado de Cristo, en realidad estamos eligiendo el lado de Satanás. En la actualidad, los espíritus, aunque son reales y capaces de manifestar su presencia, normalmente obran fuera del campo de la percepción sensorial. Pero a medida que se intensifique el conflicto, a estas fuerzas, tanto las buenas como las malas, se les permitirá una mayor libertad de acción para manifestar su presencia visible sobre el escenario de los asuntos terrenales.

[72] El distintivo de la religión es la creencia en la vida después de la muerte, ya sea porque el alma es inmortal o porque habrá una resurrección después de la muerte. Los adherentes de algunas religiones primitivas no adoran a ninguna deidad, y sin embargo profesan mantener comunión con espíritus ancestrales.

Con pocas excepciones, siendo la Iglesia Adventista del Séptimo Día una de ellas, la mayor parte de la gente religiosa cree en la inmortalidad del alma o espíritu, pero el espiritismo afirma ser capaz de "probar" que esto es verdad.

En el presente Dios está limitando las actividades de los ángeles, tanto buenos como malos. Esta restricción se relaciona con el grado de conocimiento que uno tiene de las cosas espirituales y cuán profundamente ha entregado su voluntad a Cristo o a Satanás.

A los investigadores científicos les agrada controlar sus experimentos, pero los espíritus son entidades escurridizas. Esto significa que los seres humanos nunca podrán tener la seguridad de que un espíritu se está sometiendo a controles científicos, aunque causen la impresión de hacerlo.

"No es difícil para los ángeles malignos personificar a santos y pecadores que han muerto, y hacerse visibles para los ojos humanos.[73] Estas manifestaciones serán más frecuentes, y otros sucesos de un carácter más asombroso aparecerán a medida que nos aproximemos al final del tiempo". **RH, 01 de Abril de 1875**.

Calamidades provocadas por Satanás y comunicaciones de los espíritus.-

"[Satanás] ejerce su poder en todos los lugares y bajo mil formas: en las desgracias y calamidades de mar y tierra, en las grandes conflagraciones, en los tremendos huracanes y en las terribles tempestades de granizo, en las inundaciones, en los ciclones, en las mareas extraordinarias y en los terremotos. Destruye las mieses casi maduras y a ello siguen la hambruna y la angustia; propaga por el aire emanaciones mefíticas y miles de seres perecen en la pestilencia. Estas plagas irán menudeando más y más y se harán más y más desastrosas...

Y luego el gran engañador persuadirá a los hombres de que son los in que sirven a Dios los que causan esos males... Se declarará que los hombres ofenden a Dios al violar el descanso del domingo...

El poder milagroso que se manifiesta en el espiritismo ejercerá su influencia en perjuicio de los que prefieren obedecer a Dios antes que a los hombres. Habrá comunicación de espíritus que declararán que Dios las envió para convencer de su error a los que rechazan el domingo y afirmarán que se debe obedecer a las leyes del país como a la ley de Dios. Lamentarán la gran maldad existente en el mundo y apoyarán el testimonio de los ministros de la religión en el sentido de que la degradación moral se debe a la profanación del domingo. Grande será la indignación despertada contra todos los que se nieguen a aceptar sus aseveraciones". **CS:647-648**.

"Muchos tendrán que vérselas con espíritus de demonios que personificarán a parientes o amigos queridos[74] y que proclamarán las herejías más peligrosas. Estos espíritus apelarán a nuestros más tiernos sentimientos de simpatía y harán milagros con el fin de sostener sus asertos. Debemos estar listos para resistirles con la verdad bíblica de que los muertos no saben nada y de que los que aparecen como tales son espíritus de demonios". **CS:616**.

"El ministerio popular no puede resistir con éxito al espiritismo.[75] No hay nada con lo cual escudar a sus rebaños de su influencia maléfica. Mucho del triste resultado del espiritismo descansará sobre los ministros de esta época; porque han pisoteado la verdad bajo sus pies, y en su lugar han preferido fábulas". **1T:344**.

Ángeles buenos y malos en forma humana en el conflicto final.-

"Agentes satánicos en forma humana participarán en este último gran conflicto para oponerse a la edificación del reino de Dios. Y ángeles celestiales con aspecto humano estarán en el campo de acción. Los bandos opositores continuarán existiendo hasta el final del postrer gran capítulo en la historia de este mundo". **RH, 05 de Agosto de 1909**.

"Satanás utilizará cualquier oportunidad para seducir a los hombres y apartarlos de su fidelidad a Dios. El y los ángeles que cayeron con él aparecerán en la tierra como hombres con la intención de engañar.

---

[73] Los ángeles normalmente son invisibles y existen fuera de nuestro conocimiento y control. Esto significa que disponen de una insuperable ventaja sobre nosotros los humanos. Significa que nunca podemos estar seguros de su verdadera identidad, ¡a no ser que comparemos con la Palabra de Dios lo que enseñan o implican mediante su presencia! Esto significa que cuando los ángeles de Dios aparecen, lo que dicen o implican por su presencia siempre armoniza con la verdad de la Biblia; mientras que los ángeles malos pueden causarla impresión de que concuerdan con la Biblia, pero con el tiempo, a veces casi imperceptiblemente, lo que enseñan o implican conduce lejos de la verdad bíblica.

De modo que a medida que se intensifique la crisis venidera, los ángeles malignos pueden causar la impresión de someterse a los "controles" científicos, mientras detrás del escenario desprecian las reglas y manipulan la evidencia, ¡para poder engañar mejor!

[74] Los espíritus malignos pueden ser derrotados únicamente en la misma forma como Jesús derrotó al archiengañador en las tentaciones del desierto: usando "la espada del Espíritu, que es la palabra de Dios" (Efe. 6:17). Ninguna otra arma puede tener éxito en esta guerra espiritual. Así como Jesús rechazó a Satanás citando la Escritura, también nosotros podemos repeler a los demonios que imitan o pretenden ser otras personas, pero es necesario que estemos totalmente comprometidos con Dios cuando lo hagamos. Esto significa que debemos saber lo que la Biblia enseña acerca de la inconsciencia del hombre en la muerte y la actuación de los espíritus malignos; porque "todos menos los que estén protegidos por el poder de Dios y la fe en su Palabra, se verán envueltos en este engaño". CS:618.

[75] La razón principal por la que el ministerio popular no podrá resistir con éxito los maléficos efectos del espiritismo es porque rechazan la enseñanza de la Biblia acerca del estado de los muertos y aceptan la creencia en que el alma es inmortal por naturaleza.

También los ángeles de Dios se presentarán como hombres, y usarán todos los recursos que tengan en su poder para derrotar las intenciones del enemigo. También nosotros tenemos una parte que desempeñar". **HFM:66**.

Ángeles malignos en forma humana entre los adventistas.-
"Se me ha mostrado que ángeles satánicos en forma de creyentes trabajarán en nuestras filas para introducir un fuerte espíritu de incredulidad. No permitáis que ni siquiera esto os desanime, antes presentad un corazón fiel para ayudar al Señor contra los poderes de las agencias satánicas.
Estos poderes del mal se reunirán en nuestras asambleas, no para recibir una bendición, sino para contrarrestar las influencias del Espíritu de Dios... Cristo era el instructor en las asambleas de estos ángeles antes de que cayeran de su alto estado". **3MS:468-469**.
"Esos espíritus mentirosos representan a los apóstoles como contradiciendo lo que escribieron bajo la inspiración del Espíritu Santo durante su permanencia en la tierra. Niegan el origen divino de la Biblia, anulan así el fundamento de la esperanza cristiana y apagan la luz que revela el camino hacia el cielo". **CS:613**.
"Habrá espíritus seductores y doctrinas de demonios en medio de la iglesia, y estas influencias malignas aumentarán; pero aferraos al comienzo de vuestra confianza y permaneced firmes hasta el fin". **8ML:345**.
"Los malos ángeles en forma de hombres hablarán en este tiempo con los que conocen la verdad. Así venían los hombres a Cristo. Y mezclándose con sus oyentes había ángeles [malos] en forma de hombres, que hacían sugestiones, criticaban, aplicaban falsamente y tergiversaban las palabras del Salvador... Tergiversarán y torcerán las declaraciones de los mensajeros de Dios".[76] **3MS:469**.
"Las imágenes de los muertos aparecerán como resultado de las astutas artimañas de Satanás, y muchos se vincularán con el que ama y fabrica mentiras... Algunos de entre nosotros se apartarán de la fe y escucharán a espíritus seductores y a doctrinas de demonios, lo cual hablará mal de la verdad". **BCL:125**.
"Satanás y sus ángeles aparecerán en esta tierra como si fueran hombres, y se mezclarán con aquellos de quienes la Palabra de Dios dice: 'Algunos apostatarán de la fe, escuchando a espíritus engañadores y a doctrinas de demonios'". **3MS:467**.
"Cuando estos engaños espiritistas sean desenmascarados y se sepa lo que realmente son: las obras secretas de los espíritus malignos, los que les habían creído y se habían relacionado con ellos, actuarán como personas que hubieran perdido el juicio". **CDCD:312**.

Milagros satánicos.-
"No necesitamos ser engañados. Pronto ocurrirán escenas maravillosas con las cuales Satanás estará estrechamente relacionado. La Palabra de Dios declara que Satanás obrará milagros. Hará enfermar a la gente y después quitará repentinamente de ella su poder satánico. Eso hará que se considere sanados a los enfermos. Estas obras de curación aparente pondrán a prueba a los adventistas". **2MS:61**.
"Algunos [adventistas del séptimo día] serán tentados a recibir estas cosas portentosas como si procedieran de Dios. Los enfermos sanarán ante nosotros. Ocurrirán milagros ante nuestros ojos.[77] **1T:302**.
"Si las personas por cuyo intermedio se realizan curaciones, están dispuestas, a causa de estas manifestaciones, a excusar su descuido de la ley de Dios y continúan en desobediencia, aunque tengan un inmenso poder, eso no quiere decir que tengan el gran poder de Dios. Por el contrario, se trata del poder obrador de milagros del gran engañador". **RH, 17 de Noviembre de 1885**.

---

[76] ¿Estamos preparados para el momento cuando los "principados" y las "potestades... de las tinieblas" se presenten en nuestras asambleas"? Se nos ha dicho que "desmoralizarán a hombres y mujeres, quienes según todas las apariencias creen en la verdad" (RH, 07 de Diciembre de 1897; compárese con 1T:349).

[77] La realización de un milagro no es prueba de que el obrero ha sido enviado por Dios. "Juan [el Bautista] no hizo milagros" y sin embargo era de Dios (Juan 10:40; compárese con Luc. 7:28). Muchos hacedores de milagros, en el día del juicio clamarán: "Señor, Señor, ¿no profetizamos en tu nombre, y en tu nombre echamos fuera demonios, y en tu nombre hicimos muchos milagros?" Pero el Señor les dirá: "Nunca os conocí; apartaos de mí, hacedores de maldad" (Mat. 7:22-23). Los obradores de milagros a quienes Cristo dice "apartaos de mí", pretenden ser cristianos (lo llaman Señor), pero lo que enseñan no armoniza con la ley de Dios. "¡A la ley y al testimonio! Si no dijeren conforme a esto, es porque no les ha amanecido" (Isa. 8:20). La evidencia de que uno es de Dios se manifiesta, no en el poder para obrar milagros, sino en lo que uno enseña y practica en comparación con lo que la Biblia enseña.

"El pueblo de Dios no es el único que tendrá poder para hacer milagros en los últimos días.[78] Satanás y sus agentes obrarán "con gran poder y señales y prodigios mentirosos, y con todo engaño de iniquidad para los que se pierden". Nuestra fe no se justifica por un poder obrador de milagros. Debemos confiar en el poder de Dios... Su palabra, la Biblia, constituye el fundamento de nuestra fe. A menos que plantemos nuestra fe en este fundamento, a menos que justifiquemos nuestra fe 'por toda palabra que sale de la boca de Dios', seremos engañados por Satanás cuando venga en gloria, afirmando que es Cristo". **19ML:54.**

"Se nos ha advertido que en los últimos días... [Satanás] obrará con señales y prodigios mentirosos. Y continuará efectuando estos portentos hasta que termine el tiempo de gracia,[79] para poder exhibirlos como evidencia de que es un ángel de luz y no de tinieblas". **RH, 17 de Noviembre de 1885.**

"Sólo los que hayan estudiado diligentemente las Escrituras y hayan recibido el amor de la verdad en sus corazones, serán protegidos de los poderosos engaños que cautivarán al mundo. Merced al testimonio bíblico descubrirán al engañador bajo su disfraz. El tiempo de prueba llegará para todos... ¿Se sienten los hijos de Dios actualmente bastante firmes en la Palabra divina para no ceder al testimonio de sus sentidos? ¿Se atendrán ellos en semejante crisis a la Biblia y a la Biblia sola?". **CS:683.**

Los ángeles buenos y el pueblo de Dios en el conflicto final.-
"En este tiempo, los últimos días de la historia terrena, el pueblo de Dios tiene que ser investido de gran poder. Los ángeles y los seres humanos participarán en la grandiosa obra final". **Carta 251, 1903.**

"Cuando el poder divino se combine con el esfuerzo humano, la obra se propagará como fuego en el rastrojo. Dios empleará agencias cuyo origen el hombre será incapaz de discernir; ángeles[80] realizarán una obra que los seres humanos habrían podido tener la bendición de llevar a cabo, si no hubieran descuidado de contestar los pedidos de Dios". **RH, 16 de Diciembre de 1885.**

"Es imposible dar una idea de lo que experimentará el pueblo de Dios que viva en la tierra cuando se combinen la manifestación de la gloria de Dios y la repetición de las persecuciones pasadas.[81] Andará en la luz que emana del trono de Dios. Por medio de los ángeles, las comunicaciones entre el ciclo y la tierra serán mantenidas constantes". **9T:16.**

"Cuando las dificultades se intensifiquen alrededor... del pueblo [de Dios] en medio de los peligros de los últimos días, él enviará a sus ángeles para que anden constantemente a nuestro lado". **NEV:317.**

"Nuestros enemigos nos encarcelarán, pero las paredes de las prisiones no pueden interrumpir la comunicación entre Cristo y nuestras almas. Aquel que conoce todas nuestras debilidades, que está enterado de nuestras pruebas, está por encima de todos los poderes terrenales; y los ángeles podrán visitarnos en nuestras solitarias celdas trayendo luz y paz del Cielo. Las prisiones serán un palacio, porque los ricos en fe morarán en ellas; y las tétricas murallas serán iluminadas por luz celestial". **RH, 15 de Abril de 1884.**

"Cristo y sus ángeles se aproximan a nosotros en forma de seres humanos, y mientras platicamos con ellos, luz, gracia y gozo inundan nuestros corazones". **9ML:211.**

"Debemos vestirnos con toda la armadura de Dios. Después de haber hecho todo lo posible, debemos permanecer firmes y hacer frente a principados, potestades, y huestes espirituales de maldad en las re-

---

[78] El pueblo de Dios realizará milagros justamente antes del final del tiempo de gracia (CS:670), pero no es el plan de Dios convencer al mundo de la verdad del mensaje del tercer ángel por medio de milagros. "La forma como Cristo obró era predicar la Palabra y aliviar el sufrimiento mediante obras milagrosas de curación. Pero... no podemos obrar ahora del mismo modo, porque Satanás ejercerá su poder efectuando milagros" (MM:14). En los últimos días él falsificará los milagros efectuados" (9T:16). Esta es la razón por la cual bajo la falsa lluvia tardía, que precede a la verdadera lluvia tardía (CS:517), los agentes de Satanás provocan con burlas a los santos diciéndoles que ellos obran milagros (Maranata:209), queriendo decir que el pueblo de Dios no tiene el poder que ellos tienen para llevara cabo milagros.

[79] La expresión "y continuará efectuando estos portentos hasta que termine el tiempo de gracia", no significa que Satanás no hará más milagros después que concluya el tiempo de gracia. Este no puede ser el caso, porque, de acuerdo con el CS:682, "él sana las enfermedades de la gente" durante el gran tiempo de angustia. Por eso esta expresión significa que él efectúa milagros para demostrar que es lo que afirma ser, mientras todavía pueda convencer a la gente para que se pase a su lado, y no que no realizará más milagros después del fin del tiempo de prueba.

[80] "Antes de que sea completamente terminada la obra y termine el sellamiento del pueblo de Dios, recibiremos el derramamiento del Espíritu de Dios. Ángeles del cielo estarán en nuestro medio" (1MS:131). Estas declaraciones nos ayudan a ubicar el tiempo cuando en la secuencia de eventos futuros los ángeles ayudarán en la terminación de la obra de Dios. Lo hacen *cuando* la lluvia tardía corona la culminación del fuerte clamor. (Vea la declaración que sigue, en 9T:16).

[81] La gloria celestial se mezcla con las aflicciones del pasado (persecución) durante la lluvia tardía. (Vea CS:669-670).

giones celestes. Y si tenemos puesta la armadura celestial, descubriremos que los asaltos del enemigo no tendrán poder sobre nosotros. Los ángeles de Dios nos rodearán y protegerán". **RH, 25 de Mayo de 1905.**

"Satanás lanza a todos sus poderes al asalto en el último y cercano conflicto, cuando la capacidad de soportar de los seguidores de Cristo será puesta a prueba hasta el máximo. A veces pareciera que tendrán que ceder. Pero una oración al Señor Jesús asciende con la velocidad de una flecha hasta el trono de Dios, y los ángeles de Dios son enviados al campo de batalla. Como resultado, cambia el curso de los acontecimientos". **ELC:297.**

"En el período final de la historia de este tierra, el Señor obrará, poderosamente en favor de aquellos que se mantengan firmemente por lo recto... Los protegerán ángeles excelsos en fortaleza". **PR:376.**

Habrá personificaciones satánicas antes del final del tiempo de gracia.-
"Satanás... También viene como ángel de luz y difunde su influencia sobre la tierra por medio de falsas reformas... Las iglesias [cristianas] se alegran, y consideran que Dios está obrando en su favor de una manera maravillosa, cuando se trata de los efectos de otro espíritu". **PE:261.**

"El espiritismo hace aparecer a Satanás como benefactor de la raza humana, que sana las enfermedades del pueblo y profesa presentar un sistema religioso nuevo y más elevado; pero al mismo tiempo obra como destructor". **CS:646.**

"Satanás vendrá e intentará engañar si es posible hasta a los escogidos. Afirmará que es Cristo y viene con la pretensión de ser el gran médico misionero. Hará descender fuego del cielo ante la vista de la gente, para demostrar que es Dios". **RH, 14 de Abril de 1903.**

"La rebelión y la apostasía están en el aire mismo que respiramos. Seremos afectados por ellas a menos que vinculemos mediante la fe nuestras almas desvalidas con Cristo. Si los hombres son descarriados ahora con tanta facilidad, ¿cómo resistirán cuando Satanás personifique a Cristo y realice milagros? ¿Quiénes permanecerán inconmovibles por el engaño que presentará entonces, cuando profese ser Cristo y sea solamente Satanás que personifica a Cristo, y que aparentemente realiza las obras de Cristo? **2MS:455.**

"El anticristo aparecerá en este tiempo para hacerse pasar por el verdadero Cristo, y entonces se abrogará totalmente la ley de Dios en las naciones de nuestro mundo. La rebelión contra la santa ley de Dios alcanzará su culminación. Pero el verdadero dirigente de toda esta rebelión es Satanás vestido como un ángel de luz. Los hombres serán engañados y le exaltarán al lugar de Dios y lo deificarán. Pero el Omnipotente se interpondrá, y dictará esta sentencia a los que se han unido para exaltar a Satanás[82]: 'Por lo cual en un solo día vendrán sus plagas[83]; muerte, llanto y hambre, y será quemada con fuego: porque poderoso es Dios el Señor, que la juzga". **RH, 12 de Septiembre de 1893.**

"El conflicto ha de seguir siendo cada vez más violento. Satanás tomará el campo y personificará a Cristo. Representará erróneamente, aplicará con falsía y pervertirá todas las cosas que pueda, para engañar[84], si es posible, aun a los escogidos". **TM:411.**

"Viene el tiempo cuando Satanás hará milagros en vuestra presencia y asegurará que es Cristo; y si vuestros pies no están firmemente establecidos en la verdad de Dios, entonces seréis arrancados de vuestro fundamento". **RH, 13 de Abril de 1888.**

"A menos que coloquemos nuestros pies firmemente en este fundamento, a menos que verifiquemos nuestra fe con "toda palabra que sale de la boca de Dios", seremos engañados por Satanás cuando venga en gloria, pretendiendo ser Cristo". **19ML:54.**

"Antes del fin del tiempo... [Satanás] obrará mayores maravillas[85] ... Algo más que meras imposturas se traen a luz en este pasaje... [Apoc. 13:14]. Pero hay un límite más allá del cual Satanás no puede

---

[82] Aunque el papado es "una forma del anticristo" (RH, 31 de Julio de 1888), Satanás, que empezó "la rebelión... en el cielo", es el "anticristo" (9T:230; compárese con UL:135). Esta personificación ocurre antes del fin del tiempo de gracia; porque es durante la lluvia tardía cuando se unen "la gloria celestial y una repetición de las persecuciones del pasado" y "Satanás, rodeado de sus ángeles malignos",... [se hace] pasar por Dios" (9T:16); y Cristo es Dios.

[83] Debido a que las plagas caen después del fin del tiempo de gracia (PE:36-37), parece evidente que esta aparición de Satanás ocurre antes del fin del tiempo de gracia.
Algunas veces Elena G. de White iguala la aparición de Satanás como un ángel de luz con su personificación de Cristo. (Ver 6CBA:1106 y 5T:698 citado más abajo).

[84] Adviértase que no dice que esta personificación ocurre como coronación del conflicto, sino cuando el conflicto está adquiriendo cada vez mayor violencia. La obra de engaño y destrucción de Satanás "alcanza su culminación en el tiempo de angustia" después del final del tiempo de gracia.

cruzar, y aquí se vale del engaño para falsificar la obra que realmente no tiene poder para hacer. En los últimos días se manifestará de tal manera que la gente creerá que él es el Cristo que ha venido por segunda vez al mundo. En verdad se transformará en un ángel de luz. Pero aunque tendrá la apariencia de Cristo en todo respecto, en lo que se refiere a apariencia, ésta no engañará sino a los que... procuran resistir la verdad". **5T:698**.

"Es imposible dar una idea de lo que experimentará el pueblo de Dios que viva en la tierra cuando se combinen la manifestación de la gloria de Dios y la repetición de las persecuciones pasadas. Andará en la luz que emana del trono de Dios. Por medio de los ángeles, las comunicaciones entre el cielo y la tierra serán mantenidas constantes. Por su parte Satanás, rodeado de sus ángeles[86], y haciéndose pasar por Dios, hará toda clase de milagros a fin de seducir, si posible fuese, aun a los escogidos. El pueblo de Dios no hallará seguridad en la realización de milagros, porque Satanás los imitará". **9T:16**.

"[Satanás] vendrá personificando a Cristo y realizará asombrosos milagros; y los hombres caerán en tierra y lo adorarán como si fuera Jesucristo. Se nos mandará adorara este ser, al cual el mundo glorificará como si fuera Cristo. ¿Qué haremos entonces? Decirles que Cristo nos ha advertido contra ese enemigo, quien es el peor enemigo del hombre,[87] y sin embargo pretende ser Dios". **RH, 18 de Diciembre de 1888**.

"Disfrazado como ángel de luz... [Satanás] recorrerá la tierra como obrador de portentos. Con hermoso lenguaje presentará elevados sentimientos. Pronunciará palabras agradables y realizará buenas obras. Personificará a Cristo, pero habrá una marcada distinción en un punto. Satanás alejará a la gente de la ley de Dios. A pesar de esto, tergiversará tan perfectamente la justicia, que si fuera posible, engañaría hasta a los mismos escogidos. Cabezas coronadas, presidentes y dirigentes importantes aceptarán sus falsas teorías". **RH, 17 de Agosto de 1897**.

"Satanás está decidido a continuar la lucha hasta el fin. Viene como un ángel de luz, afirma que es Cristo, y engañará al mundo; pero su triunfo será corto. Ninguna tormenta ni tempestad puede conmover a aquellos cuyos pies están afirmados sobre los principios de la verdad eterna. Podrán resistir en este tiempo de apostasía casi universal". **6CBA:1106**.

"Todos menos los que estén protegidos por el poder de Dios y la fe en su Palabra, se verán envueltos en ese engaño... [espiritismo]". **CS:618**.

"Nuestra fe no se justifica por un poder que obra milagros. Debemos confiar en el poder de Dios. Debemos pararnos en su plataforma de la verdad eterna. Su Palabra, la Biblia, es el fundamento de nuestra fe. A menos que afirmemos nuestros pies sobre este fundamento, y a menos que justifiquemos nuestra fe con "toda palabra que sale de la boca de Dios", seremos engañados por Satanás cuando venga en gloria aparentando ser Cristo". **19ML:54**.

---

[85] Los milagros son fenómenos que causan la impresión de contradecir las leyes de la naturaleza, según nuestra manera de entenderlas. Cuando estos fenómenos pueden explicarse, dejan de ser milagros.

La realización de "verdaderos milagros" por Satanás en los últimos días al parecer significa que el pueblo de Dios no podrá explicar por qué no son de Dios. Pero esto no debiera causarnos sorpresa. Los espíritus malignos existen fuera de nuestra comprensión y control. Esto es lo que les da un poder tan enorme para engañar. En consecuencia, no es sorprendente si en algunos casos no podemos explicar por qué estos milagros son satánicos. Cuando estemos desconcertados por tales fenómenos, recordemos que en última instancia, nuestra única seguridad es confiar en "el poder de Dios, por medio de la fe en su Palabra" (CS:618), *¡y no en nuestra habilidad para desenmascarar la apariencia engañosa de los milagros satánicos!*

[86] El hecho que Satanás esté rodeado por ángeles malignos pareciera sugerir que tratará de imitar la segunda venida de Cristo tan de cerca como le sea posible. Aunque "no se le permitirá a Satanás falsificar la manera en que vendrá Jesús (CS:683), está "preparando sus imposturas de modo que en su última campaña contra el pueblo de Dios, éste no logre comprender que es él (4SG:100-101). No sabemos hasta dónde se le permitirá llegar, pero si hemos de juzgar por el interés que ha despertado la vida extraterrestre, pareciera que Satanás está preparando al mundo para una falsa venida desde el espacio exterior.

[87] Esta personificación ocurre *antes* del fin del tiempo de gracia; porque, *después* del fin del tiempo de gracia, el pueblo de Dios mora "en los lugares más solitarios" (4SP:432), y no hay ninguna sugerencia de que exhorten a los impíos o que les señalen su error. Pero aunque éste no fuera el caso, decir a aquellos cuyo tiempo de gracia ha terminado que ese ser es Satanás personificando a Cristo sería injustificado y sólo los llenaría de ira. Por otro lado, decirle a la gente que éste es Satanás, y no Cristo, *antes* de la conclusión del tiempo de gracia podría inducir a algunos a alejarse del gran engañador y aceptar el mensaje del tercer ángel.

Podemos imaginar la ira de los que rechazan la amonestación final cuando el pueblo de Dios dice que este ser, que lleva el aspecto de Cristo en cada detalle (5T:698), no es Cristo sino Satanás que se hace pasar por Cristo. Los santos serán acusados de "blasfemia" (campárese con PE:86-87 y 2SG:142) y de ser peores que los judíos. "Los judíos – dirán ellos – acusaron a Cristo de *estar poseído* por un demonio (Juan 7:20; 8:48); pero ustedes hacen peor aún, porque acusan a Cristo de *ser* el diablo".

Personificación de Cristo por Satanás después del fin del tiempo de gracia.-
"Cuando la segunda venida de nuestro Señor Jesucristo se aproxima, los ángeles satánicos son puestos en acción desde las regiones inferiores. Satanás 'no sólo[88] aparece como ser humano, sino también personificará a Jesucristo; y el mundo que rechazó la verdad lo recibirá como Señor de señores y Rey de reyes'". **RH, 14 de Abril de 1896.**

"Un esfuerzo más, y se materializará el último engaño de Satanás. El oye el incesante ruego de que Cristo venga para que los libre [a su pueblo]. Su última estrategia es personificar a Cristo y hacerles pensar que sus oraciones han sido contestadas". **EUD:169.**

"La ira de Satanás crece a medida que se va acortando su tiempo, y su obra de engaño y destrucción culminará durante el tiempo de angustia. La paciencia de Dios ha llegado a su final. El mundo ha rechazado su misericordia, despreciado su amor y pisoteado su ley. Los impíos han traspasado el límite de su tiempo de gracia y el Señor retira su protección y los deja a merced del líder que han elegido". **4SP:441**; compárese con **CS:681.**

"El acto capital que coronará el gran drama del engaño será que el mismo Satanás se dará por Cristo. Hace mucho que la iglesia profesa esperar el advenimiento del Salvador como consumación de sus esperanzas. Pues bien, el gran engañador simulará que Cristo habrá venido. En varias partes de la tierra, Satanás se manifestará a los hombres como ser majestuoso, de un brillo deslumbrador, parecido a la descripción que del Hijo de Dios da San Juan en Apocalipsis. La gloria que le rodee superará cuanto hayan- visto los ojos de los mortales. El grito de triunfo repercutirá por los aires, "¡Cristo ha venido! ¡Cristo ha venido!" El pueblo se postrará en adoración ante él, mientras levanta sus manos y pronuncia una bendición sobre ellos como Cristo bendecía a sus discípulos cuando estaba en la tierra. Su voz es suave y acompasada aunque llena de melodía. En tono amable y compasivo, enuncia algunas de las verdades celestiales y llenas de gracia que pronunciaba el Salvador; cura las dolencias del pueblo, y luego, en su fementido carácter de Cristo, asegura haber mudado el día de reposo del. sábado al domingo y manda a todos que santifiquen el día bendecido por él. Declara que aquellos que persisten en santificar el séptimo día blasfeman su nombre porque se niegan a oír a sus ángeles, que les fueron enviados con la luz de la verdad. Es el engaño más poderoso y resulta casi irresistible". **CS:682.**

"Satanás ve que está por perder su caso. No puede arrastrar al mundo entero tras sí. Hace un último esfuerzo desesperado para vencer a los fieles mediante el engaño. Lo hace personificando a Cristo. Se viste con los mantos de la realeza que han sido descritos en forma precisa en la visión de Juan. [Ver Apoc. 1:13-16; 19:11-16 y compárese con CS:682]. Tiene poder para hacerlo. Aparecerá ante sus engañados seguidores —el mundo cristiano que no recibió el amor de la verdad sino que tuvo placer en la injusticia (la transgresión de la ley)— como Cristo viniendo por segunda vez.

Se proclama a sí mismo como Cristo, y la gente cree que es Cristo, un ser hermoso, vestido con esplendor, con voz suave y palabras agradables, con una gloria que no ha sido sobrepasada por nada que sus ojos mortales hayan contemplado hasta el momento. Entonces sus seguidores engañados prorrumpen en un grito de victoria: "¡Cristo ha venido por segunda vez! ¡Cristo ha venido! Ha elevado sus manos como lo hacía al estar en la tierra, y nos ha bendecido"...

Los santos miran con asombro. ¿También ellos serán engañados y adorarán a Satanás? Cerca de ellos hay ángeles de Dios. Se oye una voz clara, firme, musical: "Mirad hacia arriba".

Había un solo objeto de interés para los que oraban: la salvación final y eterna de sus almas. Este objeto estaba ante ellos constantemente: esa vida inmortal que les fue prometida a los que perseverasen hasta el fin. Oh, cuán fervientes han sido sus deseos. El juicio y la eternidad estaban a la vista. Por la fe sus ojos estaban fijos en el trono deslumbrante, ante el cual han de comparecer los que están vestidos de túnicas blancas. Esto los contuvo de ceder al pecado". **EUD:168-169.**

"El apóstol Pablo, en su segunda epístola a los tesalonicenses, señala la obra especial de Satanás en el espiritismo como cosa que había de suceder inmediatamente antes de la segunda venida de Cristo. Hablando del segundo advenimiento de Cristo, declara que habría antes una "obra de Satanás, con gran poder y señales y milagros mentirosos" (2 Tes. 2:9)". **PP:741.**

---

[88] Esto es una prueba positiva de que Satanás en persona aparecerá en los últimos días en más de una forma.

Capítulo 6: El Sello de Dios, el Sellamiento y los 144000.

El sello o marca de Dios.-

"Después de esto vi a cuatro ángeles en pie sobre los cuatro ángulos de la tierra, que detenían los cuatro vientos de la tierra, para que no soplase viento alguno sobre la tierra, ni sobre el mar, ni sobre ningún árbol. Vi también a otro ángel que subía de donde sale el sol, y tenía el sello del Dios vivo; y clamó a gran voz a los cuatro ángeles, a quienes se les había dado poder de hacer daño a la tierra y al mar, diciendo: No hagáis daño a la tierra, ni al mar, ni a los árboles, hasta que hayamos sellado en sus frentes a los siervos de nuestro Dios. Y oí el número de los sellados: ciento cuarenta y cuatro mil sellados de todas las tribus de los hijos de Israel". **Apoc. 7:1-4.**

"He aquí que seis varones venían del camino de la puerta de arriba que mira hacia el norte, y cada uno traía en su mano su instrumento para destruir. Y entre ellos había un varón vestido de lino, el cual traía a su cintura un tintero de escribano, y entrados, se pararon junto al altar de bronce. Y la gloria del Dios de Israel se elevó de encima del querubín, sobre el cual había estado, al umbral de la casa; y llamó Jehová al varón vestido de lino, que tenía a su cintura el tintero de escribano, y le dijo Jehová: Pasa por en medio de la ciudad, por en medio de Jerusalén, y ponles una señal en la frente[89] a los hombres que gimen y claman a causa de todas las abominaciones que se hacen en medio de ella". **Eze. 9:2-4.**

"Y no contristéis al Espíritu Santo de Dios, con el cual fuisteis sellados para el día de la redención". **Efe. 4:30.**

Ser sellado no siempre incluye la misma prueba.-

"Vi que ella [la hermana Hastings, quien había fallecido recientemente] estaba sellada, y se levantaría al llamado de Dios y se pondría de pie sobre la tierra, y estaría con los 144.000". **2MS:301.**

"Viven en nuestra tierra [en 1899] hombres que han pasado la edad de 90 años. Los resultados naturales de la edad avanzada se advierten en su debilidad. Pero creen en Dios, y Dios los ama. El sello de Dios está sobre ellos,[90] y se encontrarán entre el número de aquellos de quienes el Señor ha dicho: "Bienaventurados de aquí en adelante los muertos que mueren en el Señor". **14ML:57-58.**

El sellamiento seguido por el fin del tiempo de gracia.-

"Cuando termine el mensaje del tercer ángel, la misericordia divina no intercederá más por los habitantes culpables de la tierra. El pueblo de Dios habrá cumplido su obra; habrá recibido "la lluvia tardía", el "refrigerio de la presencia del Señor", y estará preparado para la hora de prueba que le espera. Los ángeles se apuran, van y vienen de acá para allá en el cielo. Un ángel que regresa de la tierra anuncia que su obra está terminada; el mundo ha sido sometido a la prueba final, y todos los que han resultado fieles a los preceptos divinos han recibido "el sello del Dios vivo". Entonces Jesús dejará de interceder en el santuario celestial. Levantará sus manos y con gran voz dirá "Hecho es", y todas las huestes de los ángeles depositarán sus coronas mientras él anuncia en tono solemne: "¡El que es injusto, sea injusto aún; y el que es sucio, sea sucio aún; y el que es justo, sea justo aún; y el que es santo, sea aún santo!" Cada caso ha sido fallado para vida o para muerte...

Desamparados ya de la gracia divina, están a merced de Satanás, el cual sumirá entonces a los habitantes de la tierra en una gran tribulación final". **CS:671-672.**

"Jesús pronto dejará de intervenir entre Dios y el hombre. Entonces se efectuará el sellamiento, se concluirá". **5ML:200; Carta 5, 1849.**

---

[89] El "sellamiento de los siervos de Dios [Apoc. 7:1-41 es el mismo que se le mostró a Ezequiel en una visión". TM:445.

[90] El sellamiento no significa la misma cosa cada vez que se usa esta expresión en los escritos sagrados, aunque el resultado, la salvación, es la misma en todos los casos. Entonces, la prueba a la que Pablo se refiere en relación con el sellamiento de Efesios 4:30: "Y no contristéis al Espíritu Santo de Dios, con el cual fuisteis sellados para el día de la redención", no es la misma prueba por la que deben pasar los 144.000. En todas las épocas, los que son sellados deben pasar la prueba de la "verdad presente" (2 Pedro 1:12). En los días de Noé la verdad presente consistía en actuar de acuerdo con la creencia de que el diluvio se produciría. En la época del Nuevo Testamento la prueba consistía en creer que el Cristo crucificado, que era "para los judíos ciertamente tropezadero, y para los gentiles locura" (1 Cor. 1:23), era Dios manifestado en carne. En el conflicto venidero, la prueba será el séptimo día sábado como día de reposo.

"Antes de que sea completamente terminada la obra y termine el sellamiento del pueblo de Dios, recibiremos el derramamiento del Espíritu de Dios. Ángeles del cielo estarán en nuestro medio". **1MS:131.**

El sellamiento que es seguido por el zarandeo.-

"Tan pronto como el pueblo de Dios sea sellado en su frente —no se trata de un sello o marca que se pueda ver, sino un afianzamiento en la verdad, tanto intelectual como espiritualmente, de modo que los sellados son inconmovibles— tan pronto como sea sellado[91] y preparado para el zarandeo, éste vendrá. Ciertamente ya ha comenzado. Los juicios de Dios están viniendo". **4CBA:1183; Ms 173, 1902.**

"Especialmente en la obra final de la iglesia, en el tiempo del sella-miento de los 144.000[92] que permanecerán sin mancha ante el trono de Dios, sentirán más profundamente los errores del pueblo elegido de Dios". **RH, 23 de Septiembre de 1873.**

"La iglesia remanente será puesta en grave prueba y angustia. Los que guardan los Mandamientos de Dios y la fe de Jesús sentirán la ira del dragón y de su hueste. Satanás considera a los habitantes del mundo súbditos suyos; ha obtenido el dominio de las iglesias apóstatas; pero ahí está ese pequeño grupo que resiste su supremacía. Si él pudiese borrarlo de la tierra, su triunfo sería completo... pronto incitará a las potestades malignas de la tierra a destruir al pueblo de Dios. Todo lo que se requerirá será que se rinda obediencia a los edictos humanos en violación de la ley divina. Los que quieran ser fieles a Dios y al deber serán amenazados, denunciados y proscritos. Serán traicionados por "padres, hermanos, y parientes y amigos"...

Su única esperanza se cifra en la misericordia de Dios, su única defensa será la oración... la iglesia remanente, con corazón quebrantado y fe ferviente, suplicará perdón y liberación por medio de Jesús su Abogado. Sus miembros serán completamente conscientes del carácter pecaminoso de sus vidas, verán su debilidad e indignidad, y mientras se miren a sí mismos, estarán por desesperar. El tentador estará listo para acusarlos... Se esforzará para espantar... con el pensamiento de que su caso es desesperado, de que nunca se podrá lavar la mancha de su contaminación. Esperará destruir de tal manera su fe que se entreguen a sus tentaciones, se desvíen de su fidelidad a Dios y reciban la marca de la bestia...

Pero aunque los seguidores de Cristo han pecado, no se han entregado al dominio del mal. Han puesto a un lado sus pecados, han buscado al Señor con humildad y contrición y el Abogado divino intercede en su favor[93]...

Los asaltos de Satanás son vigorosos, sus engaños terribles; pero el ojo del Señor está sobre sus hijos. Su aflicción es grande, las llamas del horno parecen estar a punto de consumirlos; pero Jesús los sacará como oro probado en el fuego. Su índole terrenal debe ser eliminada, para que la imagen de Cristo pueda reflejarse perfectamente; deben vencer la incredulidad; han de desarrollar fe, esperanza y paciencia.

Los hijos de Dios están suspirando y clamando por las abominaciones hechas en la tierra.[94] Con lágrimas advierten a los impíos el peligro que corren al pisotear la ley divina, y con increíble tristeza se humillan delante del Señor a causa de sus propias transgresiones. Los impíos se burlan de su pesar, ridiculizan sus solemnes súplicas y se mofan de lo que llaman debilidad. Pero la angustia y la humillación de los hijos de Dios dan evidencia inequívoca de que están recobrando la fuerza y nobleza de carácter perdidas como consecuencia del pecado...

---

[91] El sellamiento al que se refiere esta declaración no puede ser el sellamiento que se efectúa al final del tiempo de gracia para los humanos (ver CS:671), porque este sellamiento en particular es seguido por el zarandeo o separación.

[92] Debido a que habrá un sellamiento que será seguido por el zarandeo, y no por el fin del tiempo de gracia, "el tiempo del sellamiento de los 144.000" obviamente debe concluir antes que el sellamiento del que se habla en el CS:671, el cual termina al final del tiempo de gracia. La declaración que sigue, en 5T:472-475, describe y ubica cuándo ocurrirá el sellamiento especial de los 144.000.

[93] Debido a que el "Abogado divino [todavía] intercede en su favor" y a que el pueblo de Dios todavía está "amonestando a los impíos" y haciéndoles "solemnes exhortaciones", los eventos aquí descritos claramente ocurren antes del final del tiempo de prueba. Estos eventos son *contemporáneos* con la descripción del "pueblo de Dios que se encuentra en gran aflicción, que llora y ora, y reclama las seguras promesas de Dios, mientras los impíos los rodean... burlándose... [de ellos] y amenazándolos con destruirlos" (Maranata:209), lo cual ocurre definidamente *antes* del final del tiempo de prueba.

[94] En 3T:367 dice que se lamentan y lloran por las abominaciones que se cometen "en la iglesia".

Los fieles, que se encuentran orando, están, por así decirlo, encerrados con Dios. Ellos mismos no saben cuán seguramente están escudados. Incitados por Satanás, los gobernantes de este mundo procuran destruirlos, pero si pudiesen abrírseles los ojos... verían a los ángeles de Dios acampados en derredor de ellos, manteniendo en jaque a la hueste de las tinieblas con su resplandor y gloria.

Mientras los hijos de Dios afligen sus almas delante de él, suplicando pureza de corazón, se da la orden: "Quitadle esas vestimentas viles", y se pronuncian las alentadoras palabras: "Mira que he hecho pasar tu pecado de ti, y te he hecho vestir de ropas de gala". Se pone sobre los tentados, probados, pero fieles hijos de Dios, el manto sin mancha de la justicia de Cristo. El remanente despreciado queda vestido de gloriosos atavíos, que nunca han de ser ya contaminados por las corrupciones del mundo... Han resistido los lazos del engañador, no han sido apartados de su lealtad por el rugido del dragón. Ahora están eternamente seguros de los designios del tentador... Mientras Satanás estaba insistiendo en sus acusaciones y tratando de destruir esta hueste, los ángeles santos, invisibles, iban de un lado a otro poniendo sobre ellos el sello del Dios viviente. Ellos han de estar sobre el monte de Sión con el Cordero, teniendo el nombre del Padre escrito en sus frentes. Cantan el nuevo himno delante del trono, ese himno que nadie puede aprender sino los ciento cuarenta y cuatro mil que fueron redimidos de la tierra". **5T:447-450.**

"¿Por qué... [los 144.000] han sido especialmente elegidos? Porque tuvieron que defender una verdad de inmenso valor frente a todo el mundo y soportar su oposición;[95] y mientras sufrían su oposición tuvieron que recordar que eran hijos e hijas de Dios y que debían mantener a Cristo interiormente como esperanza de gloria". **1SAT:72-73.**

"Únicamente a los que hayan resistido la tentación con la fuerza que el Todopoderoso concede se les permitirá participar en la proclamación del... [mensaje del tercer ángel], cuando haya alcanzado la intensidad del fuerte clamor".[96] **HS:155.**

"Cuatro ángeles poderosos retienen los poderes de esta tierra hasta que los siervos de Dios sean sellados en sus frentes. Las naciones del mundo están ávidas por combatir; pero son contenidas ponlos ángeles. Cuando se quite ese poder restrictivo, vendrá un tiempo de dificultades y angustia. Se inventarán mortíferos instrumentos bélicos. Barcos serán sepultados en la gran profundidad con su cargamento viviente. Todos los que no tienen el espíritu de la verdad se unirán bajo el liderazgo de las agencias satánicos: pero serán retenidos hasta que llegue el tiempo de la gran batalla de Armagedón". **7CBA:978; Carta 79 1900.**

Influencias perjudiciales son restringidas hasta el sellamiento de los 144.000.-
"Todas las influencias perjudiciales y desalentadoras son restringidas por ángeles invisibles hasta que la totalidad de los que trabajan en el temor y el amor de Dios sean sellados en sus frentes". **20ML:217.**

"Juan ve los elementos de la naturaleza —terremotos, tempestades y lucha política— representados como siendo retenidos por cuatro ángeles. Estos vientos están bajo control hasta que Dios ordena soltarlos. Ahí está la seguridad de la iglesia de Dios. Los ángeles de Dios son los que retienen los vientos de la tierra, para que no soplen sobre la tierra, ni sobre el mar, ni sobre ningún árbol, hasta que los siervos de Dios sean sellados en sus frentes. Al ángel poderoso se le ve subiendo del Este (o de donde sale el sol). El más poderoso de los ángeles tiene en su mano el sello del Dios vivo, el único que puede dar vida, que puede poner sobre las frentes la señal o inscripción, a aquellos a quienes se les concederá la inmortalidad, la vida eterna. Es la voz de este ángel encumbrado la que tiene autoridad para ordenar a los cuatro ángeles que mantengan en jaque los cuatro vientos hasta que esta obra sea realizada, y hasta que él ordene que sean soltados.

---

[95] La razón por la cual los 144.000 han sido "especialmente elegidos" es "porque tuvieron que defender una verdad de inmenso valor frente a todo el mundo y soportar su oposición" (1SAT:72-73). Esto apoya la conclusión de que los 144.000 son a quienes "se les permitirá participar en la proclamación del... [mensaje del tercer ángel], cuando haya alcanzado la intensidad del fuerte clamor" (HS:155). Estos son los que están preparados para soportar la prueba de la imagen de la bestia, los que "no han sido apartados de su lealtad [a Dios] por el rugido del dragón" (PR:434).

[96] Nótese que no a todos los que profesan creer en el mensaje del tercer ángel se les permitirá anunciar el mensaje durante la proclamación a gran voz. Al parecer, las personas a quienes se les permite hacerlo son las que han permanecido fieles en la "prueba" de la imagen de la bestia (7CBA:987). Esta prueba se aplica cuando se promulga el decreto que pone en vigencia la observancia del domingo en violación de la obediencia al sábado como día de reposo *bajo pena de muerte*. Este evento es el que señala el tiempo cuando comienza "el sellamiento de los 144.000" (RH, 23 de Septiembre de 1873, citado más arriba). Por lo tanto, pareciera que el comienzo del sellamiento de los 144.000 marca el tiempo cuando el juicio investigador pasa de los muertos a los vivos.

Los que venzan al mundo, la carne y al diablo, serán los favorecidos que reciban sello del Dios vivo. Los que no sean limpios de manos, cuyos corazones no sean puros, no tendrán el sello del Dios vivo. Los que están planeando pecados y ejecutándolos serán pasados por alto. Sólo los que, en su actitud ante Dios, ocupan la posición de quienes se arrepienten y confiesan sus pecados en el grande y verdadero día de la expiación, serán reconocidos y señalados como dignos de la protección de Dios. Los nombres de los que firmemente esperan y anhelan vigilantes la aparición de su Salvador y velan por ella —más ferviente y anhelosamente que los que esperan la mañana— se contarán entre los sellados. Los que, por disponer de toda la luz de la verdad que brilla sobre sus almas, debieran obrar de acuerdo con la fe que profesan, pero son hechizados por el pecado, albergan ídolos en su corazón, corrompen sus almas delante de Dios, y mancillan a los que se unen con ellos en el pecado, sus nombres serán borrados del libro de la vida, y serán dejados en la oscuridad de la medianoche, sin aceite en sus vasijas juntamente con sus lámparas". **TM:452-453**.

"Ángeles están circundando el mundo, rechazando las pretensiones de Satanás a la supremacía, las que presenta debido a la gran multitud de sus adeptos. No oímos las voces de esos ángeles, ni vemos con la vista natural la obra de ellos; pero sus manos están unidas alrededor del mundo, y con vigilancia que no duerme mantienen a raya a los ejércitos de Satanás hasta que se cumpla el sellamiento del pueblo de Dios". **7CBA:978; Carta 79, 1900**.

"Notemos con cuidado este punto: Aquellos que reciben la marca pura de la verdad, que el Espíritu Santo estampó en ellos,... son los "que se angustian y lloran por todas las abominaciones que se cometen" en la iglesia". **3T:267**.

Los cuatro vientos son restringidos hasta el sellamiento del remanente.-

"Vi un ángel comisionado por Jesús para ir rápidamente a los cuatro ángeles que tenían determinada labor que cumplir en la tierra... clamó en alta voz: "¡Retened! ¡Retened! ¡Retened! ¡Retened! hasta que los siervos de Dios estén sellados en la frente". Pregunté a mi ángel acompañante qué significaba lo que oía y qué iban a hacer los cuatro ángeles. Me respondió... los cuatro ángeles tenían poder de Dios para retener los cuatro vientos, y que estaban ya a punto de soltarlos, pero mientras aflojaban las manos y cuando los cuatro vientos iban a soplar... los misericordiosos ojos de Jesús vieron al pueblo remanente[97] todavía sin sellar... En consecuencia se le mandó a otro ángel que fuera velozmente a decir a los cuatro ángeles que retuvieran los vientos hasta que los siervos de Dios fuesen sellados en la frente con el sello de Dios". **PE:38**.

"Cuatro ángeles poderosos todavía están reteniendo los vientos de la tierra. Aún se prohíbe que una terrible destrucción se desate en su plenitud. Los accidentes por tierra y mar; la pérdida de vidas que aumenta constantemente a causa de las tormentas, las tempestades, los accidentes ferroviarios y las conflagraciones; las espantosas inundaciones, los terremotos y los huracanes empujarán a las naciones hacia un mortífero combate, mientras los ángeles retienen los cuatro vientos y prohíbela que el terrible poder de Satanás se ejerza en toda su furia, hasta que los siervos de Dios sean sellados en sus frentes". **RH, 07 de Junio de 1887**.

El sello de Dios para los últimos días.-

"¿Qué es el sello del Dios viviente que se coloca en las frentes de los asuyos? Es una marca que pueden leer los ángeles[98], pero no los ojos humanos, pues el ángel destructor debe ver esa marca de redención". **7CBA:980**.

"El sábado será la gran piedra de toque de la lealtad; pues es el punto especialmente controvertido. Cuando esta piedra de toque les sea aplicada finalmente a los hombres, entonces se trazará la línea de

---

[97] Los ángeles que sujetan los cuatro vientos comienzan a soltarlos (PE:38) antes del sellamiento del "remanente", por lo cual este grupo no está formado por los que son sellados "durante el sellamiento de los 144.000" (3T:266). Notemos que antes de soltar los vientos, el ángel del cielo ordena a los cuatro ángeles que retengan los vientos hasta tanto se complete el sellamiento "del remanente". Este sellamiento concluye con el fin del tiempo de gracia (CS:671).

[98] Es evidente que únicamente los ángeles de Dios pueden discernir esta marca, porque durante el gran tiempo de angustia que ocurrirá *después* del fin del tiempo de gracia, Satanás "ve que santos ángeles están protegiendo... [al pueblo de Dios] e infiere que sus pecados han sido perdonados; pero no sabe que sus casos ya han sido decididos en el santuario celestial" (CS:676). Por lo tanto, no sólo los seres humanos, sino también los ángeles malignos, son incapaces de leer esta marca.

demarcación entre los que sirven a Dios y los que no le sirven. Mientras la observancia del falso día de reposo (domingo), en obedecimiento a la ley del estado y en oposición al cuarto mandamiento, será una declaración de obediencia a un poder que está en oposición a Dios, la observancia del verdadero día de reposo (sábado), en obediencia a la ley de Dios, será señal evidente de la lealtad al Creador. Mientras que una clase de personas, al aceptar el signo de la sumisión a los poderes del mundo, recibe la marca de la bestia, la otra, por haber escogido el signo de obediencia a la autoridad divina recibirá el sello de Dios". **CS:663.**

"Aquí no se presenta el sábado como una institución nueva, sino como establecido en el tiempo de la creación del mundo. Hay que recordar y observar el sábado como monumento de la obra del Creador. Al señalar a Dios como el Hacedor de los cielos y de la tierra, el sábado distingue al verdadero Dios de todos los falsos dioses. Todos los que guardan el séptimo día demuestran al hacerlo que son adoradores de Jehová. Así el sábado será la señal de lealtad del hombre hacia Dios mientras haya en la tierra quien le sirva". **PP:315.**

El sello de la ley de Dios se encuentra en el cuarto mandamiento.-
"Este es el único de los diez mandamientos que contiene tanto el nombre como el título del Legislador. Declara que es el Creador del cielo y de la tierra, y revela así el derecho que tiene para ser reverenciado y adorado sobre todos los demás. Aparte de este precepto, no hay nada en el Decálogo que muestre qué autoridad fue la que promulgó la ley. Cuando el día de reposo fue cambiado por el poder del papa, se le quitó el sello a la ley. Los discípulos de Jesús están llamados a restablecerlo elevando el sábado del cuarto mandamiento a su lugar legítimo como institución conmemorativa del Creador y signo de su autoridad". **CS:504-505.**

"El día de reposo del cuarto mandamiento es el sello del Dios viviente. Señala a Dios como Creador, y es la señal de su legítima autoridad sobre los seres que ha creado. Los que obedezcan su ley serán portadores del sello de Dios, porque ha apartado este día como señal de lealtad entre él y su pueblo". **ST, 22 de Marzo de 1910.**

"Los que quieran tener el sello de Dios en sus frentes deben guardar el día de reposo del cuarto mandamiento. Esto es lo que los distingue de los desleales, que han aceptado una institución humana en lugar del verdadero día de reposo. La observancia al día de reposo de Dios es la marca de distinción entre aquel que sirve a Dios y el que no le sirve". **7CBA:981.**

Quiénes reciben el sello de Dios.-
"La imagen de la bestia quedará constituida antes que termine el tiempo de gracia; porque será la gran prueba para todo el pueblo de Dios, mediante la cual se decidirá su destino eterno... Esta es la prueba que el pueblo de Dios debe pasar antes de ser sellado. Todos los que demuestren su lealtad a Dios obedeciendo su ley y rehusando aceptar un día de reposo espurio... recibirán el sello del Dios vivo". **15ML:15.**

"El sello del Dios vivo se coloca sobre los que observan concienzudamente el día de reposo del Señor". **RH, 13 de Julio de 1897.**

"Si recibimos la imagen de Dios, si nuestras almas son purificadas de toda contaminación moral, el sello de Dios se colocará sobre nuestras frentes, y estaremos preparados para las escenas finales de la historia terrena". **HHD:342.**

"¿Nos estamos esforzando con todas las facultades que Dios nos ha dado para alcanzar la estatura de hombres y mujeres en Cristo? ¿Estamos buscando su plenitud y alcanzando cada vez mayores alturas,[99] en un intento por alcanzar la perfección de su carácter? Cuando los siervos de Dios alcancen este punto serán sellados en sus frentes". **3MS:427.**

"Dentro de poco tiempo todo aquel que sea hijo de Dios recibirá la impresión de su sello. ¡Ojala que sea colocado sobre nuestras frentes! ¿Quién podría soportar el pensamiento de ser pasado por alto cuando el ángel salga para sellar a los siervos de Dios en sus frentes?". **RH, 28 de Mayo de 1889.**

---

[99] Lo que aquí se describe es una obra preparatoria realizada bajo la lluvia temprana. "Alcanzar cada vez mayores alturas", significa simplemente efectuar un compromiso cada vez más profundo de obedecer la voluntad de Dios cuando él, mediante su Espíritu, presenta ante nuestra mente los rasgos que no armonizan con su voluntad y esos rasgos y tendencias son vencidos con la mediación de su gracia.

"El mensaje del poder renovador de la gracia de Dios será proclamado a todo país y clima, hasta que la verdad circunde al mundo. Entre los que serán sellados habrá quienes vendrán de toda nación, tribu, lengua y pueblo". **CMPA:518**.

"Satanás... sabe que tiene poco tiempo y que el sellamiento de los santos los colocará fuera del alcance de su poder". **8ML:220**.

Los que no reciben el sello de Dios.-

"Los que se unen con el mundo reciben su molde y se preparan para la marca de la bestia. Los que desconfiar de sí mismos, se humillan delante de Dios y purifican sus almas obedeciendo a la verdad, son los que reciben el molde celestial y se preparan para tener el sello de Dios en sus frentes. Cuando se promulgue el decreto y se estampe el sello, su carácter permanecerá puro y sin mancha para la eternidad. Ahora es el momento de prepararse. El sello de Dios no será nunca puesto sobre la frente de un hombre o una mujer que sean impuros. Nunca será puesto sobre la frente de seres humanos ambiciosos y amadores del mundo. Nunca será puesto sobre la frente de hombres y mujeres de corazón falso o engañoso. Todos los que reciban el sello deberán estar sin mancha delante de Dios. **FCV:290**.

"Si la luz de la verdad os ha sido presentada con la revelación del día de reposo del cuarto mandamiento, y demostrando que en la Palabra de Dios no existe ningún fundamento para justificar la observancia del domingo, y si a pesar de eso seguís aferrándoos al falso día de reposo y rehusando obedecer el santo sábado que Dios llama "mi día santo", entonces recibiréis la marca de la bestia. ¿Cuándo ocurrirá tal cosa? Cuando obedezcáis el decreto que ordena dejar de trabajar en domingo y adorar a Dios, sabiendo positivamente que en la Biblia no hay una sola palabra que muestre que el domingo sea otra cosa fuera de lo que realmente es, un día de trabajo común, entonces consentiréis en recibir la marca de la bestia y así rehusaréis el sello de Dios". **RH, 13 de Julio de 1897**.

"No todos los que profesan observar el sábado serán sellados. Aun entre los que enseñan la verdad a otros hay muchos que no recibirán el sello de Dios en sus frentes. Tuvieron la luz de la verdad, conocieron la voluntad de su Maestro, comprendieron todo punto de nuestra fe, pero no hicieron las obras correspondientes". **5T:213-214**.

"Los que han sido miembros de la misma familia están separados. Se ha colocado una señal sobre los justos. "Y serán para mí especial tesoro, ha dicho Jehová de los ejércitos, en el día que yo tengo de hacer; y perdonarélos como el hombre que perdona a su hijo que le sirve". Los que han sido obedientes a los mandamientos de Dios se unirán con el grupo de los santos en luz; ellos entrarán por las puertas en la ciudad y tendrán derecho al árbol de la vida. El uno será tomado. Su nombre estará en el libro de la vida, mientras otros con los cuales él se asoció tendrán la señal de la eterna separación de Dios". **TM:237**.

El tiempo de gracia para los adventistas termina antes que el tiempo de gracia para el mundo.-

"Si el pueblo de Dios le hubiera creído y obedecido su palabra; si hubiera obedecido sus mandamientos, el ángel no habría volado por el cielo llevando este mensaje para los cuatro ángeles que debían soltar los vientos para que soplaran sobre la tierra: "No hagáis daño a la tierra ni al mar, ni a los árboles hasta que hayamos sellado en sus frentes a los siervos de nuestro Dios".[100] Pero debido a que el pueblo es desobediente, desagradecido y profano, lo mismo que los antiguos hijos de Israel, se prolonga el tiempo para que todos puedan escuchar el último mensaje de misericordia proclamado con voz poderosa. La obra del Señor se ha atrasado, el tiempo del sellamiento se ha atrasado. Muchos no han oído la verdad. Pero el Señor les dará la oportunidad de escuchar y convertirse, y la gran obra de Dios seguirá avanzando". **15ML:292**.

"¡Ojala que la gente conociese el tiempo de su visitación! Hay muchos que todavía no han escuchado la verdad probatoria para este tiempo. Hay muchos con quienes el Espíritu de Dios está batallando. El tiempo de los juicios destructores de Dios es el tiempo de misericordia para los que no habían tenido oportunidad [hasta ese momento] de enterarse de la verdad. El Señor los contemplará con ternura y se

---

[100] El sellamiento al que aquí se hace referencia es el sellamiento general que se completa al final del tiempo de gracia. Obsérvese que ésta no es gente que había oído el postrer mensaje de misericordia; se trata de gente que nunca lo había escuchado hasta este momento.

conmoverá su corazón de misericordia; su mano todavía permanece extendida para salvar, mientras la puerta se ha cerrado para los que no quisieron entrar".[101] **9T:97**.

"El Espíritu de Dios pasará por alto a los que han tenido su día. de prueba y oportunidad, pero que no han distinguido la voz de Dios ni apreciado los estímulos del Espíritu Santo. Por otra parte, en la hora undécima habrá miles que encontrarán y reconocerán la verdad. "He aquí vienen días, dice Jehová, en que el que ara alcanzará al segador, y el pisador de las uvas al que lleva la simiente". (Amós 9:13). Estas conversiones a la verdad se realizarán con una rapidez que sorprenderá a la iglesia, y únicamente el nombre de Dios será glorificado.[102] **MS 16**.

Lo que significa recibir el sello de Dios.-

"El sellamiento es una garantía de Dios de perfecta seguridad para sus elegidos (Éxo. 31:13-17). El sellamiento indica [que] somos los elegidos de Dios. El nos ha hecho propiedad suya". **15ML:225**.

"Tan pronto como el pueblo de Dios sea sellado en su frente —no se trata de un sello o marca que se pueda ver, sino un afianzamiento en la verdad, tanto intelectual como espiritualmente, de modo que los sellados son inconmovibles— tan pronto como sea sellado y preparado para el zarandeo, éste vendrá". **4CBA:1183**.

"Los vasos de la ira de Dios no pueden ser derramados ni destruidos los impíos y sus obras, hasta que todo el pueblo de Dios haya sido juzgado, y los casos de los vivos así como los de los muertos estén decididos. Y aun después que los santos han sido sellados con el sello del Dios vivo, sus elegidos pasarán individualmente por pruebas". **TM:453**.

La liberación de los 144.000.-

"Vi que los cuatro ángeles iban a retener los vientos mientras no estuviese hecha la obra de Jesús en el santuario, y que entonces caerían las siete postreras plagas. Estas enfurecieron a los malvados contra los justos, pues los primeros pensaron que habíamos atraído los juicios de Dios sobre ellos, y que si podían raernos de la tierra las plagas se detendrían. Se promulgó un decreto para matara los santos, lo cual los hizo clamar día y noche por su libramiento. Este fue el tiempo de la angustia de Jacob. Entonces todos los santos clamaron en angustia de ánimo y fueron libertados por la voz de Dios. Los 144.000 triunfaron". **PE:36-37**.

"Pronto oímos la voz de Dios, semejante al ruido de muchas aguas, que nos anunció el día y la hora de la venida de Jesús. Los santos vivientes[103], 144.000 en número[104], reconocieron y entendieron la voz; pero los malvados se figuraron que era fragor de truenos y de terremoto". **PE:15**.

"Y al anunciar Dios el día y la hora de la venida de Jesús, cuando dio el sempiterno pacto a su pueblo, pronunciaba una frase y se detenía de hablar mientras las palabras de la frase rodaban por la tierra. El Israel de Dios permanecía con los ojos en alto, escuchando las palabras según salían de labios de Jehová y retumbaban por la tierra como fragor del trueno más potente. El espectáculo era pavorosamente solemne, y al terminar cada frase, los santos exclamaban: "¡Gloria! ¡Aleluya!" Sus rostros estaban iluminados con la gloria de Dios, y resplandecían como el de Moisés al bajar del Sinaí. A causa de esta gloria, los impíos no podían mirarlos. Y cuando la bendición eterna fue pronunciada sobre quienes habían honrado a Dios santificando su sábado, resonó un potente grito por la victoria lograda sobre la bestia y su imagen". **PE:34**.

---

[101] En el libro CDCD:163, se lee lo mismo, excepto que añade: "Se admitirá a un gran número de personas que en estos últimos días oirá la verdad por primera vez". Esta última adición ubica estos eventos en el tiempo cuando el mensaje del tercer ángel se predica con la fuerza de la lluvia tardía. (Ver CS:670).
Entre los que serán salvados durante esta amonestación final, "cuando esfuerzos desinteresados... [son] llevados a cabo para salvara los perdidos", habrá indudablemente "muchos que se habían extraviado del redil". Estos volverán para seguir al gran Pastor (6T:401) antes que sea demasiado tarde. Aunque esto ofrece esperanza para los que tienen seres queridos que han apostatado, no debiera envalentonara ningún apóstata para que postergue la respuesta a su llamamiento y vocación con la esperanza de regresar al redil en el último minuto.

[102] Si estas conversiones ocurrieran mientras la iglesia se encuentra en el estado de Laodicea, ésta tendería a atribuirse la gloria a sí misma en lugar de dársela a Dios.

[103] "Los santos vivos". En el CS:707, se refiere a estas personas como "habiendo sido trasladadas de la tierra, de entre los vivos", por lo que son santos de la última generación. Son personas que no morirán, sino que serán selladas y vivirán hasta la segunda venida.

[104] No está claro si "los 144.000 santos vivientes", significa que literalmente sólo 144.000 vivirán durante el gran tiempo de angustia, o bien si este número es simbólico. Tal vez esta falta de claridad se debe al designio divino.
Es de esperar que este número sea simbólico y que incluya un número mucho mayor de personas que el indicado.

"Luego resonó la argentina trompeta de Jesús, a medida que él iba descendiendo en la nube, rodeado de llamas de fuego. Miró las tumbas de sus santos dormidos. Después alzó los ojos y las manos hacia el cielo, y exclamó: "¡Despertad! ¡Despertad! ¡Despertad los que dormís en el polvo, y levantaos!" Hubo entonces un formidable terremoto. Se abrieron los sepulcros y resucitaron los muertos revestidos de inmortalidad. Los 144.000 exclamaron: "¡Aleluya!" al reconocer a los amigos que la muerte había arrebatado de su lado". **PE:16.**

Las pruebas y el triunfo de los 144.000.-
"Delante del trono, sobre el mar de cristal, —ese mar de vidrio que parece revuelto con fuego por lo mucho que resplandece con la gloria de Dios— hállase reunida la compañía de los que salieron victoriosos "de la bestia, y de su imagen y de su señal, y del número de su nombre". Con el Cordero -en el monte de Sión, "teniendo las arpas de Dios", están en pie los ciento cuarenta y cuatro mil[105] que fueron redimidos de entre los hombres... "Cantan un cántico nuevo" delante del trono, un cántico que nadie podía aprender sino aquellos ciento cuarenta y cuatro mil... es el cántico de su experiencia —una experiencia que ninguna otra compañía ha conocido jamás. Son "éstos, los que siguen al Cordero por donde quiera que fuere". Habiendo sido trasladados de la tierra, de entre los vivos, son contados por "primicias para Dios y para el Cordero" (Apoc. 15:2-3; 14:1-5). "Estos son los que han venido de grande tribulación"; han pasado por el tiempo de angustia cual nunca ha sido desde que ha habido nación; han sentido la angustia del tiempo de la aflicción de Jacob; han estado sin intercesor durante el derramamiento final de los juicios de Dios. Pero han sido librados". **CS:706-707.**

No se ha revelado quiénes son los 144.000.-
"No he recibido luz sobre el tema [quiénes constituirán los 144.000]. —Elena G. de White, citado en una carta de C. C. Crisler a E. E. Andross, el 18 de Diciembre de 1914". **Patrimonio White, DF Nº 164.**
"Llegarán cartas que contienen preguntas en cuanto al sellamiento del pueblo de Dios, quiénes serán sellados, cuántos, y otras preguntas movidas por la curiosidad. Creo que debemos decirles que lean las cosas que están plenamente reveladas y hablen de ellas. En la Palabra de Dios se nos estimula al asegurarnos que si caminamos humildemente con Dios, recibiremos instrucción. Pero no debe fomentarse una curiosidad indebida". **7CBA:930.**
"No es su voluntad que entren en controversias por cuestiones que no los ayudarán espiritualmente, tales como: ¿Quiénes han de componer los 144.0O0?[106] Fuera de duda, esto lo sabrán dentro de poco los que sean elegidos de Dios. **1MS:205.**
"Esforcémonos con todo el poder que Dios ha puesto a nuestra disposición para encontrarnos entre los ciento cuarenta y cuatro mil". **RH, 09 de Marzo de 1905.**

---

[105] Ya sea literal o simbólico, el grupo de los 144.000, constituye un grupo especial del pueblo de Dios de los últimos días, porque ningún grupo anterior ha pasado por la experiencia que ellos pasan.

[106] Los 144.000 son los que en esta vida aprendieron a seguir "al Cordero por dondequiera que va" (Apoc. 14:4). "La visión de... [Apoc. 14:1-4] los presenta de pie sobre el monte de Sión, dispuestos para el servicio sagrado, vestidos de lino, lo cual es la justicia de los santos. "Pero todo el que siga al Cordero en el cielo, primeramente tiene que seguirle en la tierra" (HAp:472).
Ser susceptibles a las indicaciones del Espíritu Santo, y obedecer esas indicaciones no bien seamos conscientes de ellas, es algo que cada cristiano puede aprender y debiera aprender ahora por la gracia de Dios —y su gracia es suficiente para enfrentar toda prueba y tentación (2 Cor. 12:9). Debiéramos recordar siempre que no hay nada que Dios se proponga hacer por los 144.000 que no esté dispuesto a hacer por nosotros ahora mismo.

Capítulo 7: El Zarandeo y la Omega de la Gran Apostasía.

Predicción de zarandeos y apostasías.-
"Y esta frase: Aún una vez, indica la remoción de las cosas movibles, como cosas hechas, para que queden las inconmovibles. Así que, recibiendo nosotros un reino inconmovible, tengamos gratitud, y mediante ella sirvamos a Dios agradándole con temor y reverencia". **Heb. 12.27-28.**
"Porque he aquí yo mandaré y haré que la casa de Israel sea zarandeada entre todas las naciones, como se zarandea el grano en una criba, y no cae un granito en tierra". **Amós 9:9.**
"Inicuo cuyo advenimiento es por obra de Satanás, con gran poder y señales y prodigios mentirosos, y con todo engaño de iniquidad para los que se pierden, por cuanto no recibieron el amor de la verdad para ser salvos". **2 Tes. 2:9-11.**

El zarandeo temprano y el zarandeo escatológico.-
"El poderoso zarandeo ha comenzado y continuará produciéndose,[107] y serán sacudidos todos los que no estén dispuestos a adoptar una posición valiente e inconmovible por la verdad, y sacrificarse por Dios y su causa". **PT, 01 de Abril de 1850.**
"Pero los días de la purificación de la iglesia se aproximan velozmente. Dios se propone tener un pueblo puro y leal. En el gran zarandeo que pronto se llevará a cabo podremos medir más exactamente la fuerza de Israel. Las señales indican que el tiempo está cerca cuando el Señor revelará que tiene un aventador en su mano y limpiará con esmero su era". **5T:75-76.**
"Tan pronto como [el pueblo de Dios} sea sellado y preparado para el zarandeo, éste vendrá". **4CBA:1183.**
"[Los que habían apostatado] fueron saliéndose del sendero uno después del otro, hasta que oímos la voz de Dios[108] como el sonido de muchas aguas... que nos reveló el día y la hora de la venida de Jesús". **WLF:14.**
"La paja debe ser eliminada, lo cual requerirá un trabajo asiduo para separarla de los granos. El ojo discernidor de Dios detectará las mínimas partículas de paja, pero no caerá en tierra ni el granito más pequeño". **RH, 26 de Noviembre de 1861.**

Vista panorámica figurativa del zarandeo.-
"Vi que algunos, con fe robusta y gritos acongojados, clamaban ante Dios. Estaban pálidos y sus rostros demostraban la profunda ansiedad resultante de su lucha interna. Gruesas gotas de sudor bañaban su frente; pero con todo, su aspecto manifestaba firmeza y gravedad. De cuando en cuando brillaba en sus semblantes la señal de la aprobación de Dios, y después volvían a quedar en severa, grave y anhelante actitud.
Los ángeles malo! los rodeaban, oprimiéndolos con tinieblas para ocultarles la vista de Jesús y para que sus ojos se fijaran en la oscuridad que los rodeaba, a fin de inducirlos a desconfiar de Dios y murmurar contra él. Su única salvaguardia consistía en mantener los ojos alzados al cielo, pues los ángeles de Dios estaban encargados del pueblo escogido, y mientras que la ponzoñosa atmósfera de los malos ángeles circundaba y oprimía a las ansiosas almas, los ángeles celestiales batían sin cesar las alas para disipar las densas tinieblas.

---

[107] Se produjo un zarandeo que comenzó en los primeros días del Movimiento Adventista y que todavía continúa. Pero éste no es el zarandeo que es tema de este estudio. El zarandeo que analizamos está todavía en el futuro.

[108] Nuestro destino eterno como individuos queda decidido antes del fin del tiempo de gracia, cuando es sellado. Esto significa que los que se salieron de la senda después del fin del tiempo de gracia sólo son apóstatas manifiestos. El destino de estas personas quedó decidido antes del fin del tiempo de prueba, pero no se hizo evidente hasta después de que hubo terminado. "No todos los que profesan guardar el sábado serán sellados" (5T:213). Son estas personas que no están selladas, pero que podría ser que tengan que soportar persecución por guardar el sábado, las que "llegan sin preparación al último y terrible conflicto" (CS:678),... [y que] confesarán sus pecados con palabras de angustia consumidora, mientras los impíos se reirán de su angustia" (CS:678). Nada fuera de una fe genuina y auténtica sobrevivirá las dificultades que sobrevendrán a cada persona en estos últimos días para probarla. Dios debe ser nuestro refugio. No podemos confiaren formalidades, profesión de fe, ceremonia ni posición, ni pensar que porque tenemos un nombre para vivir podremos estar firmes en el día de la prueba. Todo lo que pueda ser sacudido será sacudido, y las cosas que no puedan ser sacudidas por los engaños y decepciones de los últimos días, permanecerán. Fijad firmemente el alma en la Roca eterna, porque únicamente en Cristo habrá seguridad. YI, 03 de Agosto de 1893.

De cuando en cuando Jesús enviaba un rayo de luz a los que angustiosamente oraban, para iluminar su rostro y alentar su corazón. Vi que algunos no participaban en esta obra de acongojada demanda, sino que se mostraban indiferentes y negligentes, sin cuidarse de resistir a las tinieblas que los envolvían, y éstas los encerraban como una nube densa. Los ángeles de Dios se apartaron de ellos y acudieron en auxilio de los que anhelosamente oraban. Vi ángeles de Dios que se apresuraban a auxiliar a cuantos se empeñaban en- resistir con todas sus fuerzas a los ángeles malos y procuraban ayudarse a sí mismos invocando perseverantemente a Dios. Pero nada hicieron sus ángeles por quienes no procuraban ayudarse a sí mismos; los perdí de vista.

Pregunté cuál era el significado del zarandeo que yo había visto, y se me mostró que lo motivaría el testimonio directo que exige el consejo que el Testigo fiel dio a la iglesia de Laodicea. Moverá este consejo el corazón de quien lo reciba y le inducirá a exaltar el estandarte y a difundir la recta verdad. Algunos no soportarán este testimonio directo, sino que se levantarán contra él, y esto es lo que causará un zarandeo en el pueblo de Dios...

Mi atención se fijó entonces en la hueste que antes había visto y que estaba fuertemente sacudida. Vi a los que antes gemían y oraban con aflicción de espíritu. Doble número de ángeles custodios los rodeaban, y una armadura los cubría de pies a cabeza. Marchaban en perfecto orden como una compañía de soldados. En su semblante expresaban el tremendo conflicto que habían sobrellevado y la congojosa batalla que acababan de reñir; pero los rostros antes arrugados por la angustia, resplandecían ahora, iluminados por la gloriosa luz del cielo. Habían logrado la victoria y esto despertaba en ellos profunda gratitud y un gozo santo y sagrado.

El número de esta hueste había disminuido. En el zarandeo, algunos fueron dejados al lado del camino. Los descuidados e indiferentes que no se unieron con quienes apreciaban la victoria y la salvación lo bastante para perseveraren anhelarlas orando angustiosamente por ellas, no las obtuvieron, y quedaron rezagados en las tinieblas, y sus sitios fueron ocupados en seguida por otros, que se unían a las filas de quienes habían aceptado la verdad. Los ángeles malignos todavía se agrupaban en su derredor, pero ningún poder tenían sobre ellos.

Oí que los revestidos de la armadura proclamaban poderosamente la verdad, con fructuosos resultados. Muchas personas habían estado ligadas; algunas esposas por sus consortes, y algunos hijos por sus padres. Las personas sinceras, que hasta entonces habían sido impedidas de oír la verdad, se adhirieron ardientemente a ella. Desvanecióse todo temor a los parientes y sólo la verdad les parecía sublime. Habían tenido hambre y sed de la verdad, y ésta les era más preciosa que la vida. Pregunté por la causa de tan profundo cambio y un ángel me respondió: "Es la lluvia tardía; el refrigerio de la presencia del Señor; el potente pregón del tercer ángel". **PE:269-271.**

La persecución ocasiona el zarandeo o separación.-

"Toda la prudencia del mundo no puede salvarnos de un zarandeo terrible, y todos los esfuerzos hechos ante las altas autoridades no nos librará del azote de Dios, sencillamente porque el pecado es acariciado...

Todo el esfuerzo empeñado para apelar ante las más altas autoridades de nuestro país, por fervientes, y fuertes, y elocuentes que sean los alegatos en nuestro favor, no producirá lo que deseamos, a menos que el Señor obre por medio de su Espíritu Santo en los corazones de los que afirman que creen en la verdad".[109] **3MS:439.**

"La Palabra de Dios expresa claramente que su ley será escarnecida y pisoteada por el mundo; existirá un extraordinario predominio de la iniquidad. El mundo protestante profeso formará una confederación con el hombre de pecado; y la iglesia y el mundo mantendrán una corrompida armonía.

La gran crisis está a punto de sobrevenir sobre el mundo. Las Escrituras enseñan que el papado recuperará su supremacía perdida, y que los fuegos de la persecución se reavivarán por efecto de las concesiones contemporizadoras del así llamado mundo protestante. En este tiempo de peligro podemos mantenernos solamente mientras tengamos la verdad y el poder de Dios...

---

[109] "Aquellos a quienes se les han anunciado los sucesos que les esperan, no han de permanecer sentados o en tranquila expectación de la tormenta venidera consolándose con el pensamiento de que el Señor protegerá a sus fieles en el día de la tribulación" (5T:427). En cambio debiéramos hacer todo lo posible para oponernos a la legislación dominical, aunque sepamos que finalmente todas las naciones colocarán el domingo en lugar del sábado. Nuestra razón para oponernos a las leyes dominicales es porque nuestra oposición nos coloca, o nos mantiene, en el lado correcto del asunto central del conflicto venidero. No es porque pensamos que podemos detener indefinidamente las leyes dominicales.

En ausencia de la persecución han entrado en nuestras filas algunos S que parecen ser sólidos y su cristianismo incuestionable, pero si se produjeran persecuciones, saldrían de nuestras filas.[110] ... Cuando la ley de Dios sea anulada, la iglesia será zarandeada por terribles pruebas, y u una proporción más grande que la que ahora anticipamos prestará oídos a los espíritus seductores y a las doctrinas de demonios". **GCDB, 13 de Abril de 1891.**

"El zarandeo de Dios hace volar a multitudes como hojas secas. La prosperidad multiplica una masa de miembros profesos. La adversidad los purga y hace salir de la iglesia". **4T:89.**

La mayoría nos olvidará.-

"Muchos que pretenden creer en la verdad cambiarán de opinión en tiempos peligrosos, y se pasarán al bando de los transgresores de la ley de Dios para escapar de la persecución". **1888M:166.**

"La iglesia apostatarla [es decir el protestantismo apóstata] se unirá con los poderes del mundo y el infierno para colocar en la frente o la mano, la marca de la bestia y prevalecer sobre los hijos de Dios para hacer que adoren a la bestia y su imagen. Procurarán obligarlos a renunciar a su fidelidad a la ley de Dios y a que rindan homenaje al papado. Vendrán tiempos que pondrán a prueba las almas de los seres humanos, porque la confederación apóstata exigirá que los súbditos leales de Dios renuncien a la ley de Jehová, y repudien la verdad de su Palabra. Entonces el oro será separado de la escoria, y será evidente quiénes son los piadosos, quiénes son los leales y fieles, y quiénes son los desleales, la escoria y el oropel. ¡Qué nubes de paja serán aventadas entonces por el ventilador de Dios! Adonde ahora nuestros ojos ven sólo montones de trigo limpio, habrá paja que será aventada por el Ventilador de Dios. Todo aquel que no está centrado en Cristo fracasará en la dura prueba de ese día. Mientras los que están vestidos con la justicia de Cristo permanecerán firmes a la verdad y al deber, aquellos que han confiado en su propia justicia se alistarán bajo la bandera negra del príncipe de las tinieblas". **RH, 08 de Noviembre de 1892.**

Clases de adventistas que abandonarán la iglesia.-

"Dejad que la oposición se levante, que el fanatismo y la intolerancia vuelvan a empuñar el cetro, que el espíritu de persecución se encienda, y entonces los tibios e hipócritas vacilarán y abandonarán la fe; pero el verdadero cristiano permanecerá firme como una roca, con más fe y esperanza que en días de prosperidad". **CS:660.**

"No está muy lejos el tiempo cuando cada alma tendrá que soportar la prueba. Se nos impondrá la observancia del falso día de reposo. La prueba será entre los mandamientos de Dios y los mandamientos de los hombres. Los que han cedido paso por paso a las exigencias mundanas y se han conformado a las costumbres del mundo, cederán entonces a los poderes vigentes antes que someterse a las burlas, los insultos, las amenazas de encarcelamiento y muerte. En ese tiempo el oro será separado de la escoria. La verdadera piedad se distinguirá claramente del oropel. Muchas estrellas que habíamos admirado por su brillo, entonces se apagarán y quedarán en la oscuridad. Los que han asumido las vestiduras sacerdotales del santuario sin estar vestidos de la justicia de Cristo, aparecerán entonces en la vergüenza de su propia desnudez". **RH, 20 de Noviembre de 1913.**

"Ministros y doctores pueden apartarse de su fe, como la Palabra declara que sucederá, y como los mensajes que Dios ha dado a su sierva anuncian que ocurrirá. De este modo los creyentes recibirán evidencia de que la Palabra de Dios, las amonestaciones que él ha dado, se están cumpliendo entre nosotros. Algunos tratarán livianamente estos mensajes, los interpretarán mal y hablarán falsedades que descarriarán a otros". **7ML:192-193.**

"Habrá un ejército de creyentes perseverantes que permanecerán tan firmes como una roca durante la última prueba. ¿Pero dónde están en ese ejército los que han sido portaestandartes? ¿Dónde están aquellos cuyas voces resonaron con la proclamación de la verdad a los pecadores? Algunos de ellos no están ahí. Los buscamos, pero en el tiempo del zarandeo fueron incapaces de mantenerse firmes, y se pasaron a las filas del enemigo". **RH, 24 de Diciembre de 1888.**

---

[110] No debemos ponemos paranoicos; pero por otra parte, tampoco debemos dar muestras de ingenuidad al pensar que los representantes que Satanás ha "plantado" en la iglesia son nada más que personas que "han derivado casualmente hasta nuestras filas". Estos representantes de Satanás, actuarán como agentes provocadores en el futuro; serán personas que cometerán actos vergonzantes y afrentosos. Se nos ha advertido que nuestros enemigos "corromperán a hombres y mujeres que, según todas las apariencias, creen en la verdad" (RH, 07 de Diciembre de 1897). Cuando suceda esto, será una tentación hasta para los leales decir: "Esta no es mi iglesia".

"Muchos demostrarán que no estaban unidos con Cristo, que no están muertos al mundo, que pueden vivir con él; y habrá apostasías frecuentes de hombres que han ocupado posiciones de responsabilidad". **RH, 11 de Septiembre de 1888.**

"Rápidamente se acercan los días cuando habrá gran perplejidad y confusión. Satanás, ataviado de ropaje angelical, engañará, si es posible, a los mismos escogidos. Habrá muchos dioses y muchos señores. Soplará toda clase de vientos de doctrina. Aquellos que le han rendido homenaje a "la falsamente llamada ciencia" no serán los dirigentes en aquel tiempo. Los que han confiado en el intelecto, el ingenio o el talento no estarán entonces al frente de las tropas. No se mantuvieron al paso con la luz. A los que demostraron ser infieles no se les encomendará el rebaño. Pocos serán los hombres grandes que tomarán parte en la obra solemne del fin. Son autosuficientes, se han independizado de Dios, y él no puede usarlos". **5T:76.**

"Conforme- vaya acercándose la tempestad, muchos que profesaron creer en el mensaje del tercer ángel, pero que no fueron santificados por la obediencia a la verdad, abandonarán su fe, e irán a engrosar las filas de la oposición. Uniéndose con el mundo y participando de su espíritu, llegarán a ver las cosas casi bajo el mismo aspecto; así que cuando llegue la hora de prueba estarán preparados para situarse del lado más fácil y de mayor popularidad. Hombres de talento y de elocuencia, que se gozaron un día en la verdad, emplearán sus facultades para seducir y descarriar almas. Se convertirán en los enemigos más encarnizados de sus hermanos de antaño. Cuando los observadores del sábado sean llevados ante los tribunales para responder de su fe, estos apóstatas serán los agentes más activos de Satanás para calumniarlos y acusarlos y para incitar a los magistrados contra ellos por medio de falsos informes e insinuaciones". **CS:666.**

"Cuando la religión de Cristo sea más despreciada, cuando su ley sea menoscabada, entonces deberá ser más ardiente nuestro celo, y nuestro valor y firmeza más inquebrantables. El permanecer de pie en defensa de la verdad y la justicia cuando la mayoría nos abandone, el pelear las batallas del Señor cuando los campeones sean pocos, ésta será nuestra prueba. En este tiempo, debemos obtener calor de la frialdad de los demás, valor de su cobardía, y lealtad de su traición. La nación estará de parte del gran caudillo rebelde". **5T:136.**

Separación y unidad.-

"A medida que las pruebas se intensifiquen a nuestro alrededor, veremos en nuestras filas manifestaciones de separación y unidad. Algunos que en el presente están listos para tomar las armas para la lucha, en tiempos de peligro real demostrarán que no habían edificado sobre roca sólida; cederán a la tentación. Los que han tenido gran luz y preciosos privilegios, pero no los han aprovechado, bajo un pretexto u otro, se apartarán de nosotros". **6T:400.**

"Todos los que deseen separarse del cuerpo tendrán oportunidad para hacerlo. Algo surgirá para probara cada uno. El gran tiempo del zarandeo está ante nosotros". **1T:251.**

Cosas que causarán el zarandeo o separación.-

El testimonio directo.-

"Pregunté [al ángel] por el significado del zarandeo. Se me mostró que será causado por el testimonio que exige el consejo del Testigo Fiel a los laodicenses. Producirá efecto en el corazón del que recibe el testimonio, y lo conducirá a exaltar la norma y proclamar la verdad directa. Algunos no soportarán este testimonio directo. Se opondrán a él y esto ocasionará un zarandeo entre el pueblo de Dios". **1SG:184.**

"Una cosa es cierta: los adventistas del séptimo día que adoptan su posición bajo el estandarte de Satanás, primero abandonarán su fe en las advertencias y reproches contenidos en los testimonios[111] del Espíritu de Dios". **3MS:93.**

"Mientras Dios tenga una iglesia, tendrá a aquellos que clamarán en alta voz para que todos oigan, que serán sus instrumentos para reprochar él egoísmo y los pecados, y no temerán declarar la totalidad del consejo de Dios, ya sea que la gente oiga o no quiera oír. Vi que algunos se alzarían contra los testimonios directos, porque eso no agrada a sus sentimientos naturales. Preferirían que se les hablara de

---

[111] Elena de White se refiere frecuentemente a los mensajes del espíritu de profecía llamándolos "los testimonios" o bien "los testimonios del Espíritu de Dios".

cosas suaves y que se pronunciaran exclamaciones de paz en sus oídos... Pronto ocurrirá el zarandeo para purificar la iglesia". **2SG:284**.

"Se encenderá un odio satánico contra los testimonios. La obra de Satanás será perturbar la fe de las iglesias en ellos por esta razón: Satanás no puede disponer de una senda tan clara para introducir sus engaños y atar las almas a sus errores si se obedecen las amonestaciones y reproches del Espíritu de Dios". **1MS:55**.

Falsos profetas.-
"Toda clase de mensajes concebibles aparecen para falsificar la obra de Dios, y siempre llevando la inscripción de verdad sobre su bandera. Y los que están preparados para [ávidos de} cualquier cosa nueva y sensacional, manejarán estas cosas de tal manera que nuestros enemigos harán la acusación de que todo lo inconsecuente y exagerado procede de la Sra. Elena G. de White, la profetisa....
Habrá mensajes falsificados que tendrán su origen en personas radicadas en diversos lugares. Se levantará una persona tras otra, pretendiendo ser inspiradas, cuando en realidad no tienen la inspiración del cielo, sino que están bajo el engaño del enemigo. Todos los que reciban sus mensajes serán desviados". **3MS:461-462**.

"Entre las revelaciones que he recibido se destaca... que muchos se apartarán de nosotros, dando oído a espíritus seductores y doctrinas de demonios. El Señor desea que toda alma que pretende creer la verdad tenga un conocimiento inteligente de lo que es esa verdad. Se levantarán falsos profetas y engañarán a muchos. Todo lo que pueda ser sacudido será sacudido". **Ev:267**.

"Habrá personas que pretenderán tener visiones. Cuando Dios os dé clara evidencia de que la visión viene de él, podréis aceptarla, pero no la aceptéis bajo ninguna otra evidencia, porque la gente será extraviada cada vez más en el extranjero y en los Estados Unidos. El Señor quiere que su pueblo actúe como hombres y mujeres sensatos.
En el futuro aparecerán engaños de toda clase, por lo que necesitaremos terreno seguro para nuestros pies. Necesitamos pilares firmes para el edificio. No se removerá ni una partícula de lo que el Señor ha establecido". **RH, 25 de Mayo de 1905**.

Milagros de sanamiento.-
"Estas obras de curación aparente pondrán a prueba a los adventistas. Muchos que tienen gran luz dejarán de andar en la luz, porque no han cultivado la unidad con Cristo.[112] **2MS:61**.

"Algunos [adventistas del séptimo día] estarán tentados a recibir estos prodigios como provenientes de Dios. Habrá enfermos que sanarán delante de nosotros. Se realizarán milagros ante nuestra vista... Al apartarse de los claros preceptos y mandamientos de Dios, y al prestar oído a las fábulas, la mente de muchos se está preparando para aceptar estos prodigios mentirosos". **1T:302**.

Herejías.-
"Se aproximan con rapidez los días cuando se producirá gran confusión en el mundo religioso. Habrá muchos dioses y muchos señores; soplará toda clase de vientos de doctrinas, y Satanás, vestido con ropas angélicas, engañará, si es posible, hasta a los escogidos". **W, 25 de Diciembre de 1906**; compárese con **5T:80**.

"Se levantarán herejías entre ellos... [los hijos de Dios] que los zarandearán, separando el tamo del trigo". **5T:662**.

"Cuando venga el zarandeo, por la introducción de falsas teorías... lectores superficiales, que no están anclados en ningún lugar, serán como la arena movediza. Se deslizan hacia cualquier posición para acomodar el contenido de sus sentimientos de amargura". **TM:112**.

"En el futuro surgirá toda clase de engaños, por lo que necesitamos terreno firme para nuestros pies... El enemigo traerá falsas teorías, como la doctrina según la cual no existe un santuario.[113] Este es uno de los puntos que motivará un alejamiento de la fe". **RH, 25 de Mayo de 1905**.
Falsos pastores proclamarán mensajes falsos.-

---

[112] Aun ahora hay adventistas que están yendo a consultar al "dios de Ecrón" (2 Reyes 1:2-4) en busca de sanamiento, porque ofrece alivio instantáneo: En lugar de buscar a los sanadores de Satanás, debieran buscar al Gran Médico, y si él no considera adecuado sanarlos, descansen en la promesa: "bástate mi gracia" (2 Cor. 12:7-9).

[113] Aun ahora hay adventistas profesos que de un modo u otro ponen en duda nuestra doctrina del santuario.

"Muchos ocuparán nuestros púlpitos sosteniendo la antorcha de la falsa profecía en sus manos, encendida en el fuego de la infernal antorcha satánica...

Algunos que no querrán seguir llevando el arca[114] saldrán de entre nosotros". **TM:409-410.**

"Habrá aun entre nosotros mercenarios y lobos con piel de oveja que [tratarán del persuadir al rebaño de Dios a que ofrezcan sacrificios a otros dioses[115] antes que a Dios... Los jóvenes que no están asentados, arraigados y afirmados en la verdad, serán corrompidos y arrastrados lejos por los ciegos guías de ciegos". **3MS:454.**

"Antes del gran tiempo de angustia sobrevendrán dificultades sobre el mundo como nunca antes se han conocido; los que han flaqueado y que en su ignorancia guiarían al pueblo por sendas inseguras, revelarán esto antes de que venga la verdadera prueba vital, el desafío final, de modo que cualquier cosa que digan [el fiel pueblo de Dios] no considerará que expresa la voluntad del Verdadero Pastor". **1888M:1002.**

Hipnotismo.-

"Ha llegado el tiempo cuando aun en la iglesia y en nuestras instituciones, algunos se apartarán de la fe, y escucharán a espíritus seductores y a doctrinas de demonios... Presentemos un testimonio sencillo, claro y al punto, para decir que el hipnotismo está siendo usado por los que se han apartado de la fe,[116] y que no debemos unirnos con ellos. El poder del enemigo se ejercerá a través de los que se han apartado de la fe, para descarriara otros". **3MS:470; Carta 23, 1904.**

"Las ciencias de la frenología,[117] psicología y mesmerismo son los canales a través de los cuales... [Satanás] llega más directamente a esta generación y obra con ese poder que caracterizará sus esfuerzos cerca del fin del tiempo de gracia". **1T:290.**

En el gran corazón de la obra.-

"En el gran corazón de la obra, Satanás empleará sus artes infernales en grado máximo. Buscará toda forma posible para interponerse él mismo entre el pueblo y Dios, e interrumpir la luz que debiera haber iluminado a sus hijos. Es su propósito mantenerlos en la ignorancia de lo que vendrá sobre la tierra". **RH, 24 de Diciembre de 1889.**

La apostasía y cómo contrarrestarla.-

"La rebelión y la apostasía están en el aire mismo que respiramos. Seremos afectados por ellas a menos que vinculemos mediante la fe en Cristo nuestras almas desvalidas. Si los hombres son descarriados ahora con tanta facilidad, ¿cómo resistirán cuando Satanás personifique a Cristo y realice milagros? ¿Quiénes permanecerán inconmovibles por el engaño que presentará entonces, cuando profese ser Cristo y sea solamente Satanás que personifica a Cristo, y que aparentemente realiza las obras de Cristo? **2MS:455.**

"Sólo los que hayan estudiado diligentemente las Escrituras y hayan recibido el amor de la verdad en sus corazones, serán protegidos de los poderoso engaños que cautivarán al mundo. Merced al testimonio bíblico descubrirán al engañador bajo su disfraz. El tiempo de prueba llegará para todos. Por medio de la tentación se reconocerá a los verdaderos cristianos. ¿Se sienten los hijos de Dios actualmente bastante firmes en la Palabra divina para no ceder al testimonio de sus sentidos? **CS:683.**

El alfa y la omega de la apostasía.-

---

[114] Aquí se habla especialmente de los ministros adventistas, porque ellos son los que ocupan nuestros púlpitos y, en forma figurada, son portadores del arca de Dios.

[115] El domingo es llamado con frecuencia "el día de reposo idólatra" por Elena G. de White (por ejemplo, 1888M:477; compárese con RH, 16 de Abril de 1890). La declaración parece indicar que algunos pastores adventistas tratarán de persuadir a sus miembros de que deben adorar el ídolo papal.

[116] Hay adventistas que abogan por el uso del hipnotismo en el tratamiento de ciertas enfermedades psicosomáticas.

[117] La frenología era una seudociencia que gozó de popularidad a mediados del siglo diecinueve. Los practicantes de esta "ciencia" pretendían ser capaces de discernir el carácter y la personalidad examinando la forma de la cabeza de una persona. La psicología, como se usaba a, mediados del siglo diecinueve, estaba estrechamente relacionada con el hipnotismo. El mesmerismo es otra palabra para denotar el hipnotismo. Al parecer estas seudociencias volverán a surgir al final del tiempo de gracia como importantes aspectos del esfuerzo de Satanás para engañar.

"Antes que la obra de apostasía se desarrolle al máximo, habrá una confusión de la fe. No habrá ideas claras y definidas concernientes al misterio de Dios. Una verdad tras otra será corrompida". **ST, 28 de Mayo de 1894.**

"No os dejéis engañar; muchos dejarán la fe por escuchar a espíritus engañadores y doctrinas de demonios. Tenemos ahora ante nosotros [en las enseñanzas panteístas del Dr. John Harvey Kellog] el alfa de este peligro. La omega será de una naturaleza asombrosa en grado sumo". **7ML:188; Carta 263, 1904.**

"Hay en... [el panteísmo] el comienzo de teorías que, de ser llevadas a su conclusión lógica, destruirían la fe en el santuario y en la expiación". **2ML:243.**

"Ahora debemos estar en guardia y no dejarnos arrastrar fuera del importante mensaje dado por Dios para este tiempo. Satanás no ignora el resultado de tratar de definir a Dios y a Jesucristo desde el punto de vista espiritista que considera a Dios y a Jesucristo como cosas inexistentes. El tiempo pasado en esta clase de ciencia, en lugar de preparar el camino para el Señor, está haciendo un lugar para que Satanás entre y confunda las mentes con misticismos de su propia creación. Aunque están vestidos con ropajes angélicos, han convertido a nuestro Dios y a nuestro Cristo en seres carentes de toda importancia. ¿Por qué? Porque Satanás ve que las mentes se prestan para que él haga su obra. Los seres humanos han perdido el concepto de Cristo y del Señor Dios, y han estado obteniendo una experiencia que es la Omega de uno de los engaños más sutiles que cautivarán las mentes humanas. Se nos prohíbe... usar la imaginación para espaciarnos en conjeturas". **11MR:211.**

"Si Dios habló alguna vez por mí, oiréis dentro de poco de una ciencia maravillosa, una ciencia del diablo. Su objetivo será restar toda importancia a Dios y a Jesucristo a quien él envió. Algunos exaltarán esta falsa ciencia, y Satanás, mediante ellos, procurará anular la ley de Dios. Se efectuarán grandes milagros ante la vista de los hombres y en beneficio de esta ciencia maravillosa". **3MS:466; Carta 48, 1907.**

La paradoja del aumento/disminución.-

"Cuando la religión de Cristo sea más despreciada, cuando su ley sea más menoscabada, entonces deberá ser más ardiente nuestro celo, y nuestro valor y firmeza más inquebrantables. El permanecer de pie en defensa de la verdad y la justicia cuando la mayoría nos abandone, el pelear las batallas del Señor cuando los campeones sean pocos, ésta será nuestra prueba". **5T:128.**

"Quizá parezca que la iglesia está por caer; pero no caerá. Permanecerá mientras que los pecadores en Sión serán eliminados por la zaranda: el tamo será separado del precioso trigo.[118] Esta es una prueba terrible, y sin embargo se llevará a cabo". **7CBA:923.**

"Vi a nuestro pueblo en gran dificultad, llorando y orando, rogando por las seguras promesas de Dios, mientras los impíos nos rodeaban, se burlaban de nosotros y nos amenazaban con destruirnos. Ridiculizaban nuestra debilidad, se burlaban de lo reducido de nuestro número". **2ML:207.**

"Satanás, en cooperación con sus ángeles y con hombres impíos, hará todo esfuerzo posible para ganar la victoria, y causar la impresión de tener éxito.[119] Pero de este conflicto surgirán la verdad y la justicia en triunfo y victoria". **10ML:338.**

"El Señor obrará para que los desafectos sean separados de los que son fieles y leales. Aquellos que, como Cornelio, teman a Dios y le glorifiquen, tomarán sus lugares. Las filas no disminuirán.[120] Aquellos que son firmes y leales llenarán las vacantes que se producen por los que se ofenden y apostatan". **2ML:57.**

---

[118] En el pasado, cuando el pueblo de Dios apostataba, él levantaba una nueva organización, pero no es esto lo que hace con su pueblo remanente. Antes que levantar una nueva organización, los pecadores de Sión son zarandeados. En otras palabras, el adventismo (no necesariamente la organización adventista del séptimo día como se la conoce actualmente) sobrevivirá, pero obviamente, no en la misma forma como se la conoce ahora.

[119] Desde el punto de vista humano, Satanás parece tener éxito – logra sacar de la iglesia visible a los que se han comprometido con el mundo. Pero como miembros de la iglesia invisible que todavía se encuentra en la Babilonia espiritual, escuchan el llamamiento a salir de ella bajo la lluvia tardía; sus miembros irán as aumentar las filas de la iglesia remanente y el mensaje del tercer ángel triunfará gloriosamente.

[120] Estas declaraciones no son mutuamente contradictorias. La iglesia visible, que creemos que es la organización adventista del séptimo día, incluye a "las ovejas y los cabritos" (Mat. 25:31-44), y en la crisis final los cabritos son separados de las ovejas. La iglesia invisible incluye "otras ovejas" que no son "de este redil" (Juan 10:16). Estas vendrán a la iglesia visible durante la lluvia tardía.

"Las filas diezmadas serán llenadas por aquellos a quienes Cristo representó como los que asistirían a la fiesta en la hora undécima. Hay muchos con quienes el Espíritu de Dios está luchando. El tiempo de los juicios destructores de Dios es el tiempo de misericordia para aquellos que [hasta entonces] no habían tenido oportunidad de saber qué es la verdad. El Señor los mirará con ternura. Su corazón de misericordia se conmueve. Su mano sigue extendida para salvar, mientras la puerta está cerrada para los que no quisieron entrar. Grandes números serán admitidos por la primera vez". **EUD:182**; compárese con **9T:97**.

El tiempo de gracia para los que conocen la verdad termina primero.-
"Pero no hablo mis propias palabras cuando digo que el Espíritu de Dios pasará por alto a los que han tenido su día de prueba y oportunidad, pero que no han distinguido la voz de Dios ni apreciado los estímulos del Espíritu Santo. Por otra parte, en la hora undécima habrá moles que encontrarán y reconocerán la verdad... Estas conversiones a la verdad se realizarán con una rapidez que sorprenderá a la iglesia [visible], y únicamente el nombre de Dios será glorificado.[121] **3MS:16**.

Al aproximarnos al fin avanzaremos o retrocederemos más rápidamente.-
"A medida que nos acercamos al final de la historia de este mundo, avanzamos cada vez más rápido en el crecimiento cristiano, o bien retrocedemos con igual rapidez". **3MS:408**.

---

[121] Esta declaración enseña claramente que el tiempo de gracia de aquellos que conocieron el mensaje del tercer ángel, pero no habían sido santificados por la verdad, termina antes del tiempo de gracia de aquellos que nunca antes tuvieron oportunidad de conocer el mensaje.

Capítulo 8: El Fuerte Clamor, el Ángel de Apocalipsis 18 y la Lluvia Tardía.

Mensajes relativos al tiempo del fin y la lluvia tardía.-

"Vi volar por en medio del cielo a otro ángel, que tenía el evangelio eterno para predicarlo a los moradores de la tierra, a toda nación, tribu, lengua y pueblo, diciendo a gran voz: Temed a Dios, y dadle gloria, porque la hora de su juicio ha llegado; y adorada aquel que hizo el cielo y la tierra, el mar y las fuentes de las aguas.

Otro ángel le siguió, diciendo: Ha caído, ha caído Babilonia, la gran ciudad, porque ha hecho beber a todas las naciones del vino del furor de su fornicación.

Y el tercer ángel los siguió, diciendo a gran voz: Si alguno adora a la bestia y a su imagen, y recibe la marca en su frente o en su mano, él también beberá del vino de la ira de Dios, que ha sido vaciado puro en el cáliz de su ira". **Apoc. 14:6-10**.

"Después de esto vi a otro ángel descender del cielo con gran poder; y la tierra fue alumbrada con su gloria. Y clamó con voz potente, diciendo: Ha caído, ha caído la gran Babilonia, y se ha hecho habitación de demonios y guarida de todo espíritu inmundo, y albergue de toda ave inmunda y aborrecible. Porque todas las naciones han bebido del vino del furor de su fornicación; y los reyes de la tierra han fornicado con ella, y los mercaderes de la tierra se han enriquecido de la potencia de sus deleites. Y oí otra voz del cielo, que decía: Salid de ella, pueblo mío, para que no seáis partícipes de sus pecados, ni recibáis parte de sus plagas". **Apoc. 18:1-4**.

"Mas esto es lo dicho por el profeta Joel [Joel 2:28-29]: Y en los postreros días, dice Dios, derramaré de mi Espíritu sobre toda carne, y vuestros hijos y vuestras hijas profetizarán; y vuestros jóvenes verán visiones, y vuestros ancianos soñarán sueños; y de cierto sobre mis siervos y sobre mis siervas en aquellos días derramaré de mi Espíritu". **Hechos 2:16-18**.

Cumplimiento escatológico de estas profecías.-

"La verdad para este tiempo, el mensaje del tercer ángel, ha de ser proclamada con fuerte voz, es decir, con creciente poder, a medida que nos acercamos a la gran prueba final... En este tiempo, la verdad presente abarca los mensajes, de los cuales el del tercer ángel sigue al primero y al segundo... Como el pueblo remanente de estos últimos días, estamos para promulgar la verdad e incrementar el clamor del maravilloso y distintivo mensaje del tercer ángel, impartiéndole así a la trompeta un sonido claro. La verdad eterna, a la cual nos hemos adherido desde el comienzo, debe ser mantenida en toda su creciente importancia hasta el cierre del tiempo de gracia". **9ML:291; Ms 67, 1909**.

"Dios les ha asignado a los mensajes de Apocalipsis 14 su lugar en la línea de la profecía, y su obra no ha de cesar hasta el fin de la historia de este mundo. Los mensajes del primer y segundo ángel todavía son verdad para este tiempo, y deben proclamarse en forma paralela con el que sigue. El tercer ángel proclama su amonestación con fuerte voz.[122] Después de esto —dijo Juan— vi a otro ángel descender del cielo con gran poder, y la tierra fue alumbrada con su gloria". En esta iluminación, se combina la luz de los tres mensajes". **1888M:804**.

"El mensaje del tercer ángel... es la última oferta de misericordia al mundo, el mensaje más solemne que jamás haya sido dado a los mortales". **ST, 25 de Enero de 1910**.

"No se deben ocultar los principios de nuestra fe. El pueblo de Dios debe proclamar el mensaje del tercer ángel. Debe aumentar hasta convertirse en el fuerte clamor". **PM:389**.

"Dios tiene aún un pueblo en Babilonia [espiritual]; y antes de que los juicios del cielo la visiten, estos fieles deben ser llamados para que salgan de la ciudad y que no tengan parte en sus pecados ni en sus plagas. De ahí que este movimiento esté simbolizado por el ángel que baja del cielo, alumbrando la tierra y denunciando con voz potente los pecados de Babilonia. Al mismo tiempo que este mensaje, se oye el llamamiento: "Salid de ella, pueblo mío". Éstas declaraciones, unidas al mensaje del tercer ángel, constituyen la amonestación final que debe ser dada a los habitantes de la tierra". **CS:662**.

"Dios tiene hijos, muchos de ellos en las iglesias protestantes, y un gran número en las iglesias católicas, que están más listos a obedecer la luz y a hacer lo mejor que ellos saben, que gran cantidad de ad-

---

[122] La "fuerte voz" del tercer ángel es el fuerte clamor. (Ver 1SG:193-194, en la página 75).

ventistas que guardan el sábado pero que no andan en la luz. El Señor hará que el mensaje de luz sea proclamado, que los protestantes sean amonestados y despertados al verdadero estado de cosas, y a considerar el valor del privilegio de la libertad religiosa del cual han gozado por tanto tiempo...
Habrá muchos que saldrán de las filas del mundo, de las diferentes iglesias —aun de la Iglesia Católica— cuyo celo excederá en mucho al de los que han estado hasta ahora en las filas para proclamar la verdad. Por esta razón los obreros de la hora undécima recibirán su denario. Estos verán la aproximación de la batalla y darán a la trompeta un sonido cierto. Cuando la crisis esté sobre nosotros, cuando venga el tiempo de la calamidad, ellos avanzarán para ocupar la vanguardia, se ceñirán la armadura completa de Dios, y exaltarán su ley; se adherirán a la fe de Jesús, y sostendrán la causa de la libertad religiosa que los reformadores defendieron con arduo trabajo y por la cual sacrificaron sus vidas". **3MS:441-442.**
"Procedentes de los lugares menos esperados, surgirán voces urgiéndonos a avanzar en la obra de darle al mundo el último mensaje de misericordia". **20ML:125.**

La lluvia tardía y el ángel de Apocalipsis 18.-
"El Señor anunció por boca del profeta Joel que una manifestación especial de su Espíritu se realizaría en el tiempo que precedería inmediatamente a las escenas del gran día de Dios (Joel 2:28). Esta profecía se cumplió parcialmente con el derramamiento del Espíritu Santo, el día de Pentecostés; pero alcanzará su cumplimiento completo en las manifestaciones de la gracia divina que han de acompañar la obra final del Evangelio". **CS:12.**
"[Dios] derramará de tal manera su Espíritu sobre su pueblo, que éste se convertirá en una luz en medio de la oscuridad moral, y se reflejará una gran luz en todas partes del mundo". **4CBA:1196.**
"Cuando se esté terminando la obra de la salvación, vendrá aflicción sobre la tierra, y las naciones se airarán, aunque serán mantenidas en jaque para que no impidan la realización de la obra del tercer ángel. En ese tiempo descenderá la "lluvia tardía" o refrigerio de la presencia del Señor para dar poder a la voz fuerte del tercer ángel". **PE:85-86.**
"Vi a otro ángel poderoso comisionado para descender a la tierra y unir su voz a la del tercer ángel, para impartirle poder y fortaleza a su mensaje... La obra de este ángel se desarrolla en el tiempo preciso, y se une a la gran obra final del mensaje del tercer ángel, cuando éste aumenta hasta convertirse en un fuerte clamor".[123] **1SG:193-194.**
"El mensaje del ángel de Apocalipsis 18 'parecía ser un complemento del tercer mensaje, pues se le unía'". **PE:277.**
"No tengo un tiempo específico al que apuntaren cuanto al momento en que tendrá lugar el derramamiento del Espíritu Santo, cuando el poderoso ángel [de Apocalipsis 18] bajará del cielo para unirse con el tercer ángel[124] con el fin de cerrar la obra en favor de este mundo". **RH, 29 de Marzo de 1892.**
"Los que siguen en la luz no necesitan sentirse ansiosos pensando que en el derramamiento de la lluvia tardía no serán bautizados con el Espíritu Santo.[125] Si queremos recibir la luz del glorioso ángel [de Apocalipsis 18] que alumbrará el mundo con su gloria, asegurémonos de que nuestros corazones están limpios, vacíos del yo y vueltos hacia el cielo, de manera que estén listos para la lluvia tardía". **ST, 01 de Agosto de 1892.**

En la obra final, Dios actuará en formas inesperadas.-
"He dicho que... otro ángel habría de venir del cielo con un mensaje, y toda la tierra tendría que ser iluminada con su gloria. Sería imposible para nosotros decir exactamente cómo vendrá esta luz adicional. Podría presentarse en una forma muy inesperada, de un modo que no estuviera de acuerdo con las ideas que muchos han concebido". **13ML:334; Carta 22, 1889.**

---

[123] El ángel de Apocalipsis 18 "le da poder y fortaleza" al mensaje del tercer ángel, a medida que éste "aumenta hasta convertirse en un fuerte clamor".

[124] El descenso del ángel de Apocalipsis 18 se considera con frecuencia como equivalente a la lluvia tardía (véanse RH, 21 de Abril de 1891; ST, 01 de Agosto de 1892; RH, 21 de Julio de 1896).

[125] Algunos parecen creer que Dios derramará la lluvia tardía sobre la iglesia en su condición actual. Este es un error que podría ser causa de vernos engañados por la falsa lluvia tardía de Satanás, la cual precede a la verdadera (CS:517). La verdadera lluvia tardía sólo se derrama después del zarandeo. Por esta razón 2SG:284 dice que "pronto debe realizarse el zarandeo, para purificar la iglesia".

"Si los que pueden ayudar no despiertan y se dan cuenta de su deber, no reconocerán la obra de Dios cuando se escuche el fuerte clamor del tercer ángel. Cuando brille la luz que ha de alumbrarla tierra, en vez de acudir en auxilio del Señor, querrán confinar su obra de modo que satisfaga sus ideas estrechas... El Señor actuará en esta obra final de modo muy distinto al estilo común de hacer las cosas, y en forma tal que será contraria a toda planificación humana". **2ML:19.**

"Si el pueblo de Dios no hace ningún esfuerzo de su parte, limitándose a esperar que venga el refrigerio [esto es, la lluvia tardía] para quitarles sus defectos y corregir sus errores; si dependen de eso para ser limpiados de las inmundicias de la carne y el espíritu, y ser capacitados para participar del fuerte clamor del tercer ángel, serán hallados faltos. El refrigerio o poder de Dios viene sólo sobre los que se hayan preparado para él, haciendo la obra que Dios les encarga, a saber, limpiarse de toda inmundicia de la carne y el espíritu, perfeccionando la santidad en el temor de Dios". **1T:619.**

"El mensaje del tercer ángel debe alumbrar la tierra con su gloria; pero únicamente a los que hayan resistido la tentación apoyados en la fuerza del Poderoso se les permitirá actuar una parte en su proclamación cuando haya crecido hasta llegar a ser el fuerte clamor". **HS:155.**

"[En las iglesias adventistas] habrá una maravillosa manifestación del poder de Dios, pero no actuará sobre los que no se hayan humillado delante del Señor, abriendo la puerta del corazón por medio de la confesión y el arrepentimiento. En la manifestación de ese poder que alumbra la tierra con la gloria de Dios, verán tan sólo algo que en su ceguera les parecerá peligroso, algo que despertará sus temores, y se afianzarán para resistirlo. Al ver que Dios no obra conforme a sus ideas y expectativas, se opondrán a la obra. "¡Cómo! --dirán--. ¿Acaso nosotros no conocemos el Espíritu de Dios, cuando hemos estado en la obra por tantos años?". **RH Extra, 23 de Diciembre de 1890.**

Advertencia: la falsa lluvia tardía viene antes de la verdadera.-

"Vi que Dios tiene hijos sinceros entre los adventistas nominales y las iglesias caídas, y antes que sean derramadas las plagas, los ministros y la gente serán invitados a salir de esas iglesias y recibirán gustosamente la verdad. Satanás lo sabe; y antes que se dé el fuerte pregón del tercer ángel, despierta excitación en aquellas organizaciones religiosas, a fin de que los que rechazaron la verdad piensen que Dios los acompaña. Satanás espera engañar a los sinceros e inducirlos a creer que Dios sigue obrando en favor de las iglesias". **PE:261.**

"Antes que los juicios de Dios caigan finalmente sobre la tierra, habrá entre el pueblo del Señor un avivamiento de la piedad primitiva, cual no se ha visto nunca desde los tiempos apostólicos. El Espíritu y el poder de Dios serán derramados sobre sus hijos. Entonces muchos se separarán de esas iglesias en las cuales el amor de este mundo ha suplantado al amor de Dios y de su Palabra. Muchos, tanto ministros como laicos, aceptarán gustosamente esas grandes verdades que Dios ha hecho proclamar en este tiempo a fin de preparar un pueblo para la segunda venida del Señor. El enemigo de las almas desea impedir esta obra, y antes que llegue el tiempo para que se produzca tal movimiento, tratará de evitarlo introduciendo una falsa imitación. Hará aparecer como que la bendición especial de Dios es derramada sobre las iglesias que pueda colocar bajo su poder seductor; allí se manifestará lo que se considerará como un gran interés por lo religioso. Multitudes se alegrarán de que Dios esté obrando maravillosamente en su favor, cuando, en realidad, la obra provendrá de otro espíritu. Bajo un disfraz religioso, Satanás tratará de extender su influencia sobre el mundo cristiano". **CS:517.**

"El espiritismo hace aparecer a Satanás como benefactor de la raza humana, que sana las enfermedades del pueblo y profesa presentar un sistema religioso nuevo y más elevado". **CS:646.**

"Aparecerá un poder engañador, y será cuando los hombres pretendan que poseen la santificación y santidad, elevándose más y más alto, y jactándose de sí mismos". **3MS:403.**

"El diablo tiene un medio tras otro, y los aplica en formas que... [los adventistas] no esperan. Las agencias de Satanás inventarán formas de transformar santos en pecadores.

Os digo ahora, que cuando yo sea consignada al descanso, sucederán grandes cambios. No sé cuándo seré tomada, y deseo amonestar a todos contra los medios que usa el diablo. Quiero que la gente sepa que los he amonestado cabalmente antes de mi muerte. No sé qué cambios específicos tendrán lugar; pero deben vigilar todo pecado concebible que Satanás trate de inmortalizar".[126] **Ms 1, 1915.**

"Algunos consideran con horror un engaño, mientras que reciben otro con facilidad. Satanás seduce a algunos con el espiritismo. También viene como ángel de luz y difunde su influencia sobre la tierra

---

[126] Véase 3MS:353, ya citado.

por medio de falsas reformas. Las iglesias se alegran, y consideran que Dios está obrando en su favor de una manera maravillosa, cuando se trata de los efectos de otro espíritu".[127] 17--PE 261.

Manifestaciones de la falsa lluvia tardía.-
"Estas mismas cosas que habéis explicado que ocurrían en Indiana, el Señor me ha mostrado que volverían a ocurrir justamente antes de la terminación del tiempo de gracia. Se manifestará toda clase de cosas extrañas. Habrá vocerío acompañado de tambores, música y danza.[128] El juicio de algunos seres racionales quedará confundido de tal manera que no podrán confiar en él para realizar decisiones correctas. Y a esto consideran como la actuación del Espíritu Santo.
El Espíritu Santo nunca se manifiesta en esa forma, mediante ese ruido desconcertante. Eso constituye una invención de Satanás para ocultar sus ingeniosos métodos destinados a tornar ineficaz la pura, sincera, elevadora, ennoblecedora y santificadora verdad para este tiempo". **2MS:41**.
"En los últimos días, el enemigo de la verdad presente producirá manifestaciones que no están en armonía con la dirección del Espíritu, sino que tienen el propósito de descarriar a aquellos que están listos a aceptar cualquier cosa nueva y extraña". **2MS:47**.

Algunos importantes sucesos que desembocan en la verdadera lluvia tardía.-
"El comienzo del "tiempo de angustia" mencionado entonces [en la página 15] no se refiere al tiempo cuando comenzarán a ser derramadas las plagas, sino a un corto período precisamente antes que caigan, mientras Cristo está en el santuario. En ese tiempo, cuando se esté terminando la obra de la salvación, vendrá aflicción sobre la tierra, y las naciones se airarán, aunque serán mantenidas en jaque para que no impidan la realización de la obra del tercer ángel. En ese tiempo, descenderá la "lluvia tardía" o refrigerio de la presencia del Señor para dar poder a la voz fuerte del tercer ángel, y preparara los santos para que puedan subsistir durante el plazo cuando las siete postreras plagas serán derramadas". **PE:85-86**.
"Las leyes que obliguen a observar el domingo como el día de reposo provocarán una apostasía nacional de los principios republicanos sobre los cuales el gobierno [de los Estados Unidos] ha sido fundado. La religión del papado será aceptada por los dirigentes, y la ley de Dios será anulada.
Cuando se abrió el quinto sello, Juan el revelador vio bajo el altar la compañía de los que fueron muertos por la palabra de Dios y el testimonio de Jesucristo. Después de esto[129] vinieron las escenas descritas en el capítulo 18 de Apocalipsis,[130] en que los que son fieles y verdaderos fueron llamados a salir de Babilonia". **20ML:14**.
"Los agentes de Satanás no han ahorrado la sangre de los santos. Los verdaderos seguidores de Cristo son bondadosos, tiernos, compasivos. Discernirán el significado de la obra que hace el ángel de Apocalipsis 18, el cual ha de alumbrar toda la tierra con su gloria mientras clama a gran voz, "Ha caído, ha caído la gran Babilonia" (Apoc. 18:2). Muchos oirán este llamado.
Necesitamos estudiar el derramamiento de la séptima copa. Los poderes del mal no abandonarán el conflicto sin luchar; pero la Providencia tiene una parte que desempeñar en la batalla de Armagedón. Cuando la tierra esté iluminada con la gloria del ángel de Apocalipsis 18, los elementos religiosos, buenos y malos, despertarán de su sueño, y los ejércitos del Dios viviente irán a la batalla". **Ms 175, 1899**; citado en parte en **7CBA:994**.

Lista detallada de sucesos que llevan a la lluvia tardía.-
"En la última obra de amonestación para el mundo, se hacen dos distintos llamados a las iglesias. El mensaje del segundo ángel es: 'Ha caído, ha caído Babilonia, la gran ciudad, porque ha hecho beber a todas las naciones del vino del furor de su fornicación' (Apoc. 14:8). Y en el fuerte clamor del mensa-

---

[127] La verdadera lluvia tardía no es derramada sino hasta cuando el pueblo de Dios es purificado por el zarandeo. "Antes de concedernos el bautismo del Espíritu Santo, nuestro Padre celestial nos probará, a ver si podemos vivir sin deshonrarlo" (3MS:488).

[128] Si las iglesias adventistas del séptimo día siguen el camino carismático, por el cual viajan algunas denominaciones cristianas, ¿podrán reconocer estas manifestaciones de la falsa lluvia tardía?

[129] Nótese que el ángel de Apocalipsis 18 no llama al pueblo de Dios a salir de Babilonia sino hasta después que los Estados Unidos hacen nula la ley de Dios y aplican la pena de muerte contra los guardadores del sábado. (Véase CS:662-670).

[130] El llamado al pueblo de Dios a salir de la Babilonia espiritual que registra Apocalipsis 18, es dado después que muchos hijos de Dios son martirizados.

je del tercer ángel, se oye una voz del cielo que dice: 'Salid de ella, pueblo mío, para que no seáis partícipes de sus pecados, ni recibáis parte de sus plagas; porque sus pecados han llegado hasta el cielo, y Dios se ha acordado de sus maldades'". **RH, 06 de Diciembre de 1892.**

"Hasta ahora se ha solido considerar a los predicadores de las verdades del mensaje del tercer ángel como meros alarmistas. Sus predicciones de que la intolerancia religiosa adquiriría dominio en los Estados Unidos de Norteamérica, de que la iglesia y el estado se unirían en ese país para perseguir a los observadores de los mandamientos de Dios, han sido declaradas absurdas y sin fundamento... Pero, a medida que se va agitando más ampliamente la cuestión de la observancia obligatoria del domingo, se ve acercarse la realización del acontecimiento hasta ahora tenido por inverosímil, y el tercer mensaje producirá un efecto que no habría podido producir antes...

Cuando llegue el tiempo de [proclamar el mensaje del tercer ángel] con el mayor poder, el Señor obrará por conducto de humildes instrumentos, dirigiendo el espíritu de los que se consagren a su servicio... Habrá hombres de fe y de oración que se sentirán impelidos a declarar con santo entusiasmo las palabras que Dios les inspire. Los pecados de Babilonia serán denunciados. [En las ciudades populosas de la tierra, y en los lugares donde los hombres más se han esforzado por hablar contra el Altísimo, se oirá la voz de una represión severa. Con osadía los hombres designados por Dios denunciarán la unión de la iglesia con el mundo[131]] Los resultados funestos y espantosos de la imposición de las observancias de la iglesia por la autoridad civil, las invasiones del espiritismo, los progresos secretos pero rápidos del poder papal, todo será desenmascarado. Estas solemnes amonestaciones conmoverán al pueblo. Miles y miles de personas que nunca habrán oído palabras semejantes, las escucharán. Admirados y confundidos, oirán el testimonio de que Babilonia es la iglesia que cayó por sus errores y sus pecados, porque rechazó la verdad que le fue enviada del cielo, Cuando el pueblo acuda a sus antiguos conductores espirituales a preguntarles con ansia: ¿Son esas cosas así? los ministros aducirán fábulas, profetizarán cosas agradables para calmar los temores y tranquilizar las conciencias despertadas. Pero como muchas personas no se contentan con las meras razones de los hombres y exigen un positivo "Así dice Jehová", los ministros populares, como los fariseos de antaño, airándose al ver que se pone en duda su autoridad, denunciarán el mensaje como si viniese de Satanás e incitarán a las multitudes dadas al pecado a que injurien y persigan a los que lo proclaman.

Satanás se pondrá alerta al ver que la controversia se extiende a nuevos campos y que la atención del pueblo es dirigida a la pisoteada ley de Dios. El poder que acompaña a la proclamación del mensaje sólo desesperará a los que se le oponen. El clero hará esfuerzos casi sobrehumanos para sofocar la luz por temor de que alumbre a sus rebaños. Por todos los medios a su alcance los ministros tratarán de evitar toda discusión sobre esas cuestiones vitales. La iglesia apelará al brazo poderoso de la autoridad civil y en esta obra los papistas y los protestantes[132] irán unidos.

Al paso que el movimiento en favor de la imposición del domingo se vuelva más audaz y decidido, la ley será invocada[133] contra los que observan los mandamientos. Se los amenazará con multas y encarcelamientos; a algunos se les ofrecerán puestos de influencia y otras ventajas para inducirlos a que renuncien a su fe... Los que serán emplazados ante los tribunales defenderán enérgicamente la verdad, y algunos de los que los oigan serán inducidos a guardar todos los mandamientos de Dios. Así la luz llegará ante millares de personas que de otro modo no sabrían nada de estas verdades.

A los que obedezcan con toda conciencia la Palabra de Dios se les tratará como rebeldes. Cegados por Satanás, padres y madres habrá que serán duros y severos para con sus hijos creyentes; los patrones o patronas oprimirán a los criados que observen los mandamientos. Los lazos del cariño se aflojarán; se desheredará y se expulsará de la casa a los hijos... Cuando los defensores de la verdad se nieguen a honrar el domingo, unos serán echados en la cárcel, otros serán desterrados y otros aún tratados como esclavos... Conforme vaya acercándose la tempestad, muchos que profesaron creer en el mensaje del tercer ángel, pero que no fueron santificados por la obediencia a la verdad, abandonarán su fe, e irán a engrosar las filas de la oposición. Uniéndose con el mundo y participando de su espíritu, llegarán a ver

---

[131] PP:139.

[132] En 5T:712, dice: "Cuando nuestra nación [los Estados Unidos de Norteamérica] haya repudiado a tal punto los principios de su gobierno, que promulgue una ley dominical, por este acto el protestantismo le habrá estrechado la mano al papismo". Esta declaración ayuda a relacionar los sucesos mencionados en esta sección del Conflicto de los Siglos con otros sucesos causales mencionados en otros escritos del espíritu de profecía.

[133] 5ML:78, dice que "cuando" se adjudiquen "plenamente" "honores divinos" a "un falso día de reposo", "sobrevendrá persecución a los que guarden el día de reposo que Dios ha dado".

las cosas casi bajo el mismo aspecto; así que cuando llegue la hora de prueba estarán preparados para situarse del lado más fácil y de mayor popularidad. Hombres de talento y de elocuencia, que se gozaron un día en la verdad, emplearán sus facultades para seducir y descarriar almas. Se convertirán en los enemigos más encarnizados de sus hermanos de antaño. Cuando los observadores del sábado sean llevados ante los tribunales para responder de su fe, estos apóstatas serán los agentes más activos de Satanás para calumniarlos y acusarlos y para incitar a los magistrados contra ellos por medio de falsos informes e insinuaciones.

[En la gran obra final nos asaltarán perplejidades, las cuales no sabremos cómo afrontar; pero no olvidemos que los tres grandes poderes celestiales están obrando, que una mano divina dirige el timón, y que Dios provocará el cumplimiento de sus promesas.[134]] En aquel tiempo de persecución la fe de los siervos de Dios será probada duramente. Proclamaron fielmente la amonestación mirando tan sólo a Dios y a su Palabra. El Espíritu de Dios, que obraba en sus corazones, les constriñó a hablar. Estimulados por santo celo e impulso divino, cumplieron su deber y declararon al pueblo las palabras que de Dios recibieran sin detenerse en calcular las consecuencias. No consultaron sus intereses temporales ni miraron por su reputación o sus vidas. Sin embargo, cuando la tempestad de la oposición y del vituperio estalle sobre ellos, algunos, consternados, estarán listos para exclamar: "Si hubiésemos previsto las consecuencias de nuestras palabras, habríamos callado". Estarán rodeados de dificultades. Satanás los asaltará con terribles tentaciones. La obra que habrán emprendido parecerá exceder en mucho a sus capacidades. Los amenazará la destrucción. El entusiasmo que les animara se desvanecerá; sin embargo no podrán retroceder. Y entonces, sintiendo su completa incapacidad, se dirigirán al Todopoderoso en demanda de auxilio... [El Señor intervendrá cuando las cosas hayan alcanzado un estado tal que únicamente el poder divino sea capaz de contrarrestar la obra de los instrumentos satánicos. Cuando su pueblo corra el mayor peligro, cuando al parecer sea incapaz de resistir contra el poder de Satanás, entonces Dios obrará en su favor[135]].

Conforme va revistiendo la oposición un carácter más violento,[136] los siervos de Dios se ponen de nuevo perplejos, pues les parece que son ellos mismos los que han precipitado la crisis; pero su conciencia y la Palabra de Dios les dan la seguridad de estar en lo justo; y aunque sigan las pruebas se sienten robustecidos para sufrirlas. La lucha se encona más y más, pero la fe y el valor de ellos aumentan con el peligro...

El ángel que une su voz a la proclamación del tercer mensaje, alumbrará toda la tierra con su gloria. [La obra de este ángel viene en el momento preciso, y se une a la gran obra del mensaje del tercer ángel, que aumenta hasta convertirse en un fuerte clamor[137]]. [Cuando el poder divino se combine con el esfuerzo humano, la obra se esparcirá como el fuego en el rastrojo[138]] [Otros ángeles fueron enviados desde el cielo en ayuda del potente ángel, y oí voces que por doquiera resonaban diciendo: "Salid de ella [de la Babilonia mística], pueblo mío, para que no seáis partícipes de sus pecados, ni recibáis parte en sus plagas"[139]]. [Los que no podrían razonar a un nivel suficiente como para destruir los engaños satánicos, darán un testimonio afirmativo que confundirá hasta a los hombres aparentemente instruidos. De labios de los ignorantes brotarán palabras de tal poder y sabiduría que habrá conversiones a la verdad. Millares se convertirán bajo su testimonio[140]] Así se predice una obra de extensión universal y de poder extraordinario... Esta obra será semejante a la que se realizó en el día de Pentecostés. Como la "lluvia temprana" fue dada en tiempo de la efusión del Espíritu Santo al principio del ministerio evangélico, para hacer crecer la preciosa semilla, así la "lluvia tardía" será dada al final de dicho ministerio para hacer madurar la cosecha. [Dios empleará agencias cuyo origen el ojo humano no podrá

---

[134] 8T:254.

[135] 2MS:428.

[136] "Cuando la tempestad de la persecución se deje caer sobre nosotros en forma innegable, las verdaderas ovejas oirán la voz del verdadero Pastor. Se harán esfuerzos abnegados por salvar a los perdidos, y muchos que se han extraviado del redil volverán para seguir al gran Pastor" (6T:401).

[137] 1SG:194. El mensaje de este ángel no es el fuerte clamor; más bien, el poder con el cual desciende del cielo aumenta el fuerte clamor del mensaje del tercer ángel. Por eso en PE:277, se dice que el mensaje del ángel de Apocalipsis 18 "parecía ser un complemento del tercer mensaje".

[138] RH, 15 de Diciembre de 1885.

[139] PE:277.

[140] 8ML:187.

discernir; los ángeles harán una obra que los seres humanos podrían haber tenido la bendición de cumplir,[141] si no hubieran descuidado responder a las demandas de Dios[142]]. **CS:663-669**.

"Hemos enseñado y esperado que un ángel ha de bajar del cielo, y que la tierra será alumbrada con su gloria. Entonces seremos testigos de una recolección de almas parecida a la que se vio en el día de Pentecostés". **GCDB, 01 de Febrero de 1893**.

"A medida que los miembros del cuerpo de Cristo se acercan al período de su conflicto final, crecerán en él, y llegarán a poseer caracteres simétricos. Mientras el mensaje del tercer ángel se amplifica hasta llegar a ser un fuerte clamor, gran poder y gloria acompañarán a la obra final. Es la lluvia tardía, que reanima y fortalece al pueblo de Dios para que pueda afrontar el tiempo de angustia de Jacob, al cual se refirieron los profetas. La gloria de esa luz que acompaña al tercer ángel será reflejada sobre ellos. Dios preservará a su pueblo en ese tiempo de peligro". **ST, 27 de Noviembre de 1879**.

"La gran obra de evangelización no terminará con menor manifestación del poder divino que la que señaló el principio de ella... Esos son los "tiempos de refrigerio" en que pensaba el apóstol Pedro cuando dijo: "Así que, arrepentíos y convertíos, para que sean borrados vuestros pecados; pues que vendrán los tiempos del refrigerio de la presencia del Señor, y enviará a Jesucristo" (Hechos 3:19-20). Vendrán siervos de Dios con semblantes iluminados y resplandecientes de santa consagración, y se apresurarán de lugar en lugar para proclamar el mensaje celestial. Miles de voces proclamarán el mensaje por toda la tierra. Se realizarán milagros, los enfermos sanarán y signos y prodigios seguirán a los creyentes. Satanás también efectuará sus falsos milagros, al punto de hacer caer fuego del cielo a la vista de los hombres (Apoc. 13:13). Es así como los habitantes de la tierra tendrán que decidirse en pro o en contra de la verdad. [Las mentes estarán plenamente preparadas para hacer decisiones en favor o en contra de la verdad[143]].

"El mensaje no será llevado adelante tanto con argumentos como por medio de la convicción profunda inspirada por el Espíritu de Dios. Los argumentos ya fueron presentados. Sembrada está la semilla, y brotará y dará frutos. Las publicaciones distribuidas por los misioneros han ejercido su influencia; sin embargo, muchos cuyo espíritu fue impresionado han sido impedidos de entender la verdad por completo o de obedecerla. Pero entonces los rayos de luz penetrarán por todas partes, la verdad aparecerá en toda su claridad, y los sinceros hijos de Dios romperán las ligaduras que los tenían sujetos. Los lazos de familia y las relaciones de la iglesia serán impotentes para detenerlos. La verdad les será más preciosa que cualquier otra cosa". **CS:670**.

"Los que habían estado atados; algunas esposas que se habían sentido atadas por sus esposos, y algunos hijos por sus padres... , ahora echaban mano del mensaje con avidez. Había desaparecido todo temor de sus parientes. La verdad era lo único que exaltaban ante ellos. Era más querida y preciosa que la vida". **1T:182-183**.

"Vestida con la armadura de la justicia de Cristo, la iglesia ha de entrar en el conflicto final. "Hermosa como la luna, radiante como el sol, imponente como ejército abanderado" (Cantares 6:10 NRV), debe ir a todo el mundo, venciendo y para vencer". **RH, 01 de Julio de 1915**.

El triunfo del fuerte clamor del mensaje del tercer ángel.-

"Por medio de la actuación maravillosa de la divina Providencia, se harán a un lado montañas de dificultad. El mensaje que tanto significa para los que moran en la tierra, será escuchado y comprendido. Los hombres sabrán cuál es la verdad. Adelante, y siempre adelante, la obra avanzará hasta que todo el mundo haya sido amonestado. Y entonces vendrá el fin". **RH, 22 de Noviembre de 1906**.

"Me fue mostrado el tiempo cuando había de finalizar el mensaje del tercer ángel. El poder de Dios había descansado sobre su pueblo. Habían cumplido su tarea, y estaban preparados para la hora de prueba que se aproximaba. Habían recibido la lluvia tardía o refrigerio de la presencia del Señor, y había revivido el testimonio viviente. La última gran amonestación había resonado por todas partes, y había agitado y encolerizado a los habitantes del mundo que no quisieron recibir el mensaje". **1SG:197**.

---

[141] Por ser la naturaleza humana lo que es, hay poca esperanza de que cualquier generación presente o futura "termine la obra". Y sin embargo, la obra será terminada, pues los ángeles ayudarán a cumplir la tarea. Pero notemos que esto sucede sólo después del zarandeo e incluye únicamente a quienes trabajen fielmente y en cooperación con Dios.

[142] RH, 15 de Diciembre de 1885.

[143] 1SAT:87.

"Los hombres y las mujeres se convertirán y estarán de tal manera llenos del Espíritu de Dios que irán de país en país, de ciudad en ciudad, proclamando el mensaje de la verdad". **ATO:14**.

"Se verá a muchos apresurarse de lugar en lugar, constreñidos por el Espíritu de Dios para llevar la luz a otros. La verdad, la Palabra de Dios, es como una hoguera en sus huesos; los llena con el ardiente anhelo de iluminar a los que están en tinieblas. Muchos, aun entre los no educados, proclaman ahora las palabras del Señor. Hay niños, a los cuales el Espíritu impulsa a ir y declarar el mensaje del cielo. El Espíritu es derramado sobre todos los que cedan a sus llamados; y echando a un lado toda maquinaria humana, así como cualquier reglamento ¡imitador o método cauteloso, declararán la verdad con la potencia del poder del Espíritu. Multitudes recibirán la fe y se unirán a los ejércitos del Señor". **RH, 23 de Julio de 1895**.

"Los que hayan mantenido el principio de su confianza firme hasta el fin, estarán plenamente despiertos durante el tiempo cuando el mensaje del tercer ángel sea proclamado con gran poder. Durante el fuerte clamor, la iglesia, ayudada por las intervenciones providenciales de su exaltado Señor, difundirá en tal abundancia el conocimiento de la salvación, que la luz será comunicada a cada ciudad y pueblo. La tierra será llena del conocimiento de la salvación. El Espíritu renovador de Dios habrá coronado de éxito en tal abundancia a los instrumentos intensamente activos, que la luz de la verdad presente se verá brillar por todas partes". **RH, 13 de Octubre de 1904**.

"A pesar de los poderes coligados contra la verdad, un sinnúmero de personas se alistará en las filas del Señor". **CS:670**.

Capítulo 9: El Cierre del Tiempo de Gracia, las Plagas, y el Decreto de Muerte.

Sucesos bíblicos que vendrán cuando el tiempo de gracia se cierre.-
"El que es injusto siga siendo injusto, y el sucio siga ensuciándose. El justo siga siendo justo, y el santo siga santificándose. Yo vengo pronto, y mi galardón conmigo, para dar a cada uno según su obra".[144] **Apoc. 22:11-12 NRV.**
"En aquel tiempo se levantará Miguel, el gran Príncipe que protege a tu pueblo. Y será tiempo de angustia, cual nunca fue desde que hubo gente hasta entonces". **Daniel 12:1 NRV.**
"Vi en el cielo... siete ángeles con las últimas siete plagas, con que la ira de Dios llega a su fin... Después miré, y vi que se abrió el Santuario en el cielo, la Tienda del Pacto. Y salieron del Santuario los siete ángeles que llevaban las siete plagas... Y el Santuario se llenó de humo procedente de la majestad de Dios y de su poder. Y ninguno podía entrar en el Santuario, hasta que se completaran las siete plagas de los siete ángeles.
Entonces oí una gran voz procedente del Santuario, que dijo a los siete ángeles: 'Id y derramad sobre la tierra las siete copas de la ira de Dios'". **Apoc. 15:1, 5, 6, 8; 16:1 NRV.**

El decreto de muerte de la bestia de Apocalipsis 13:11.-
"Después vi otra bestia que subía de la tierra. Tenía dos cuernos semejantes a los de un cordero, pero hablaba como un dragón... Se le permitió infundir aliento a la imagen de la primera bestia, para que la imagen pudiera hablar y dar muerte a todo el que no adore a la imagen de la bestia". **Apoc. 13:11, 15 NRV.**

Los justos serán librados en el tiempo de angustia de Jacob.-
"¡Cuán grande es aquel día! Tanto, que no hay otro semejante. Tiempo de angustia para Jacob, pero de ella será librado". **Jer. 30:7 NRV.**

Se asegura el pan y el agua al pueblo de Dios.-
"Este habitará en las alturas, la fortaleza de las montañas será su refugio; se le dará su pan, y su agua será segura". **Isa. 33:16 NRV.**

Cuánta información hay disponible.-
"Muchos opinan que será concedido un tiempo de gracia después que Jesús acabe su obra como Mediador en el Lugar Santísimo. Este es un sofisma de Satanás. Dios prueba al mundo por la luz que se complace en darles antes de la venida de Cristo. Entonces se habrá formado el carácter para la vida o la muerte. Pero el tiempo de gracia de aquellos que prefieran vivir una vida de pecado, y descuidar la gran salvación ofrecida, se cierra cuando cesa el ministerio de Cristo, precisamente antes de su aparición en las nubes de los cielos". **2T:691.**
"El Señor no ofrece tiempo de gracia adicional para ninguna alma viviente. Los que no aprovechen su tiempo de gracia actual, no tendrán un segundo tribunal. Los que en esta vida eligen un destino que les cerrará las puertas de la ciudad de Dios, no necesitan presumir que el Señor les dará otra oportunidad para prepararse para encontrarse con él". **21ML:398.**
"Los acontecimientos relacionados con el fin del tiempo de gracia y la preparación para el tiempo de angustia, han sido presentados con claridad. Pero hay miles de personas que comprenden estas importantes verdades de modo tan incompleto como si nunca hubiesen sido reveladas. Satanás procura arrebatar toda impresión que podría llevar a los hombres por el camino de la salvación, y el tiempo de angustia no los encontrará listos". **CS:652.**

---

[144] El tiempo de gracia para un individuo se cierra cuando muere. También se cierra cuando, al igual que Judas, comete el pecado imperdonable (véase DTG:610-611). Se cierra para la humanidad cuando la última persona hace su decisión, ya sea por Dios o por Satanás, después de lo cual Cristo cesa su mediación en el santuario celestial. Cuando Elena G. de White habla del cierre del tiempo de gracia, por lo general se refiere al cierre del tiempo de gracia de la humanidad. Este capítulo enfoca dicho suceso, aunque también tratará acerca de los que hayan hecho su decisión en armonía con el mensaje del tercer ángel antes de la prueba en torno a la imagen de la bestia.

"Cuando haya terminado este examen, cuando se haya fallado respecto de los que en todos los siglos han profesado ser discípulos de Cristo, entonces y no antes habrá terminado el tiempo de gracia, y será cerrada la puerta de misericordia". **CS:481**.

"El tiempo de gracia terminará poco antes de que el Señor aparezca en las nubes del cielo". **CS:545**.

"Cuando nuestro Sumo Sacerdote termine su obra en el Santuario, se levantará, se pondrá las vestiduras de venganza, y entonces se derramarán las siete postreras plagas. Vi que los cuatro ángeles iban a retener los vientos mientras no estuviese hecha la obra de Jesús en el santuario, y que entonces caerían las siete postreras plagas. Estas enfurecieron a los malvados contra los justos, pues los primeros pensaron que habíamos atraído los juicios de Dios sobre ellos, y que si podían raemos de la tierra las plagas se detendrían. Se promulgó un decreto para matara los santos, lo cual los hizo clamar día y noche por su libramiento. Este fue el tiempo de la angustia de Jacob". **PT, 01 de Agosto de 1849**.

Se cierra la puerta de misericordia para algunos pero se abre para otros.-

¡Oh, si tan sólo el mundo pudiera conocer el tiempo de su visitación! Numerosos son todavía los que no han oído la verdad que debe probarlos en este tiempo. El Espíritu de Dios contiende todavía con muchos. El tiempo de los juicios destructores divinos es tiempo de gracia para quienes no han tenido oportunidad de conocer la verdad. El Señor los mirará con amor. Su corazón compasivo se conmueve; su brazo está todavía extendido para salvar, mientras que la puerta ya se cierra sobre aquellos que rehusaron entrar. Multitudes de personas que en los últimos días escucharon la verdad por primera vez, serán admitidas.[145] **CDCD:163**.

"El Espíritu de Dios pasará por alto a los que han tenido su día de prueba y oportunidad, pero que no han distinguido la voz de Dios ni apreciado los estímulos del Espíritu Santo. Por otra parte, en la hora undécima habrá miles que encontrarán y reconocerán la verdad". **2MS:16**.

"En la destrucción de Sodoma, se cerró una puerta a los incrédulos, pero se abrió otra para Lot. Hubo una puerta cerrada para los habitantes de Tiro, una para los de Jerusalén... que no creyeron, pero se abrió una puerta a los humildes, los creyentes, los que obedecieron a Dios. Lo mismo sucederá en el tiempo del fin... Estas conversiones sucederán con una rapidez tal que tomará por sorpresa a la iglesia y sólo el nombre de Dios será glorificado".[146] **CDCD:235**.

Pasos que conducen al cierre del tiempo de gracia para la humanidad.-

"Hay un registro exacto de las iniquidades de las naciones, las familias y los individuos. Dios sigue siendo tolerante mientras se lleva la cuenta. Pueden hacerse llamados al arrepentimiento y extenderse ofertas de perdón; pero vendrá el tiempo cuando los registros se colmen y la tolerancia de Dios llegue a su límite. Entonces la señal será dada para que   la ira de la justicia ofendida sea derramada y el juicio sea ejecutado". **ST, 11 de Septiembre de 1884**.

El cierre del tiempo de gracia para los Estados Unidos.-

"Los Estados Unidos ha sido una nación favorecida; sin embargo cuando se restrinja la libertad religiosa, y el protestantismo se rinda y contemporice con el papado, la medida de su culpa será colmada, y se registrará en los libros del cielo: "Apostasía nacional". El resultado de esta apostasía será la ruina nacional". **RH, 02 de Mayo de 1893**.

"Se acerca el tiempo cuando la ley de Dios, en un sentido especial, será abolida [en los Estados Unidos]. Los gobernadores de la nación, mediante decretos legislativos, establecerán la ley dominical, y así el pueblo de Dios será puesto en grave peligro. Cuando nuestra nación, en sus concilios legislativos, apruebe leyes que esclavicen las conciencias de los hombres con relación a sus privilegios religiosos, forzando la observancia del domingo, y aplicando poder opresivo contra los que guardan el sábado, para todos los fines prácticos la ley de Dios habrá sido anulada en nuestro territorio; y a la apostasía nacional seguirá la ruina nacional". **RH, 18 de Diciembre de 1888**.

"Los protestantes se esforzarán por convencer a los gobernantes del país [los Estados Unidos] para que establezcan leyes para restaurar la ascendencia perdida del hombre de pecado, que se sienta en el tem-

---

[145] En 9T:97 se encuentra esta misma declaración, con excepción de la última oración. (Véase RH, 05 de Julio de 1906).

[146] Estas declaraciones muestran claramente que durante el tiempo de los juicios destructivos de Dios, en otras palabras, durante "el tiempo de la calamidad" (3MS:441) antes que se cierre el tiempo de gracia, la puerta de la misericordia se cerrará para los que tuvieron la oportunidad de conocer la verdad presente —por ejemplo, los adventistas del séptimo día— pero que la descuidaron o la rechazaron, mientras que todavía estará abierta para los que nunca antes hayan conocido el mensaje del tercer ángel.

plo de Dios, haciéndose pasar por Dios. Los principios católicos pasarán a estar bajo el cuidado y protección del estado. La ruina nacional seguirá con rapidez a la apostasía nacional. La protesta de la verdad bíblica dejará de ser tolerada por los que no hayan hecho de la ley de Dios su reglamento de la vida. Entonces, desde los sepulcros se escuchará la voz de los mártires, representados por las almas que Juan vio perecer por la Palabra de Dios y el testimonio de Jesucristo que exaltaron". **RH, 15 de Junio de 1897.**

"Por el decreto que imponga la institución del papado en violación a la Ley de Dios... [los Estados Unidos] se separarán completamente de la justicia. Cuando el protestantismo extienda la mano a través del abismo para asir la mano del poder romano, cuando se incline por encima del abismo para darse la mano con el espiritismo, cuando, bajo la influencia de esta triple unión, nuestro país repudie todo principio de su constitución como gobierno protestante y republicano, y haga provisión para la propagación de las mentiras y seducciones papales, entonces sabremos que ha llegado el tiempo en que se verá la asombrosa obra de Satanás, y que el fin está cerca.

Como el acercamiento de los ejércitos romanos fue para los discípulos una señal de la inminente destrucción de Jerusalén, esta apostasía podrá ser para nosotros una señal de que se llegó al límite de la tolerancia de Dios, de que nuestra nación colmó la medida de su iniquidad, y de que el ángel de la misericordia está por emprender el vuelo para nunca volver". **5T:451.**

"Las demás naciones seguirán el ejemplo de los Estados Unidos. Si bien éstos encabezarán el movimiento, la misma crisis sobrevendrá a nuestro pueblo en todas partes del mundo".[147] **3JT:46.**

Cuando el tiempo de gracia para la humanidad se cierre.-
"Es en la crisis cuando se revela el carácter... La gran prueba final viene a la terminación del tiempo de gracia, cuando será demasiado tarde para que la necesidad del alma sea suplida". **PVGM:339.**

"Cuando Jesús deje de abogar por el hombre, los casos de todos serán decididos para siempre... El tiempo de gracia se cierra; cesan las intercesiones de Cristo en el cielo. Este tiempo viene por fin para todos en forma repentina, y los que hayan descuidado la purificación de sus almas mediante la obediencia a la verdad, serán hallados durmiendo...

¡Si tan sólo los tales hubiesen sabido que la obra de Cristo en el santuario celestial se cerraría pronto, cuán distinta hubiera sido su conducta, con cuánto fervor hubieran vigilado! Anticipando todo esto, el Maestro les dirige una oportuna amonestación al mandarles velar. Ha dicho claramente cuán repentina será su venida. El no mide el tiempo, para que n6 descuidemos nuestra preparación constante, y en nuestra indolencia nos pongamos a esperar a que llegue el tiempo cuando creemos que él vendrá, demorando así nuestra preparación". **2T:191.**

"Los hombres y mujeres necesitan despertar y darse cuenta de la solemnidad del tiempo, de la cercanía del día cuando el tiempo de gracia de la humanidad será cerrado. A nadie le ha enviado Dios un mensaje diciendo que faltan cinco, diez o veinte años para el cierre de la historia de este mundo. No proveería excusa a ningún ser viviente para que se demorara en la preparación para su venida... Todo el que se dice ser siervo de Dios es llamado a hacer su obra como si cada día fuera el último". **RH, 27 de Noviembre de 1900.**

"Dios no nos ha revelado la hora cuando este mensaje se ha de cerrar, o cuando el tiempo de gracia llegará a su final. Todas las cosas que están reveladas debemos aceptarlas para nosotros mismos y nuestros hijos; sin embargo, no debemos tratar de conocer lo que ha sido velado en los concilios del Todopoderoso...

A ninguno se le ha encomendado escudriñar las Escrituras para averiguar, si fuera posible, cuándo terminará el tiempo de gracia. Dios no dio ese mensaje a labios humanos. No hay lengua mortal que pueda declarar lo que él ha escondido en sus concilios secretos". **RH, 09 de Octubre de 1894.**

"Pronto en el cielo se declarará: "Hecho es". "El que es injusto siga siendo injusto, y el sucio siga ensuciándose. El justo siga siendo justo, y el santo siga santificándose. Yo vengo pronto, y mi galardón conmigo, para dar a cada uno según su obra". Pronto la última oración por los pecadores será ofrecida, la última lágrima derramada, la última advertencia dada, el último ruego hecho, y no se escuchará más la dulce voz de misericordia". **RH, 02 de Enero de 1900.**

---

[147] Lo que pasa en Estados Unidos es un microcosmos de lo que pasará en el mundo. Para una discusión mayor sobre este punto, vea el capítulo "La marca de la bestia y el conflicto del domingo contra el sábado".

"Cuando termine el mensaje del tercer ángel, la misericordia divina no intercederá más por los habitantes culpables de la tierra. El pueblo de Dios habrá cumplido su obra; habrá recibido "la lluvia tardía", el "refrigerio de la presencia del Señor", y estará preparado para la hora de prueba que le espera... Un ángel que regresa de la tierra anuncia que su obra está terminada; el mundo ha sido sometido a la prueba final, y todos los que han resultado fieles a los preceptos divinos han recibido "el sello del Dios vivo". Entonces Jesús dejará de interceder en el santuario celestial. Levantará sus manos y con gran voz dirá "Hecho es"... "¡El que es sucio, sea sucio aún; y el que es justo, sea justo aún; y el que es santo, sea aún santo! (Apoc. 22:11, VM) Cada caso habrá sido fallado para vida o para muerte...
Cuando [Jesús] abandone el santuario, las tinieblas envolverán a los habitantes de la tierra.[148] Durante ese tiempo terrible, los justos deben vivir sin intercesor, a la vista del santo Dios. Nada refrena ya a los malos y Satanás domina por completo a los impenitentes empedernidos. La paciencia de Dios ha concluido... Los impíos han dejado concluir su tiempo de gracia; el Espíritu de Dios, al que se opusieran obstinadamente, acabó por apartarse de ellos. Desamparados ya de la gracia divina, están a merced de Satanás, el cual sumirá entonces a los habitantes de la tierra en una gran tribulación final. Cuando los ángeles de Dios dejen ya de contener los vientos violentos de las pasiones humanas, todos los elementos de contención se desencadenarán". **CS:671-672**.
"Los justos y los impíos continuarán viviendo en la tierra en su estado mortal, —los hombres seguirán plantando y edificando, comiendo y bebiendo, inconscientes todos ellos de que la decisión final e irrevocable ha sido pronunciada en el santuario celestial. Antes del diluvio, después que Noé hubo entrado en el arca, Dios lo encerró en ella, dejando fuera a los impíos; pero por espacio de siete días el pueblo, no sabiendo que su suerte estaba decidida, continuó en su indiferente búsqueda de placeres y se mofó de las advertencias del juicio que le amenazaba. "Así —dice el Salvador— será también la venida del Hijo del hombre" (Mat. 24:39). Silenciosa e inadvertida como ladrón a medianoche, llegará la hora decisiva que fija el destino de cada uno, cuando será retirado definitivamente el ofrecimiento de la gracia que se dirigiera a los culpables". **CS:545**.

Las siete últimas plagas.-
"Cuando Cristo acabe su obra mediadora en favor del hombre, entonces empezará ese tiempo de aflicción. Entonces la suerte de cada alma habrá sido decidida, y ya no habrá sangre expiatoria para limpiarnos del pecado. Cuando Cristo deje su posición de intercesor ante Dios, se anunciará solemnemente: "El que es injusto, sea injusto todavía: y el que es sucio, ensúciese todavía: y el que es justo, sea todavía justificado: y el santo sea santificado todavía" (Apoc. 22:11). Entonces el Espíritu que reprime el mal se retirará de la tierra. Como Jacob estuvo bajo la amenaza de muerte de su airado hermano, así también el pueblo de Dios estará en peligro de los impíos que tratarán de destruirlo". **PP:199**.
"Cuando nuestro Sumo Sacerdote termine su obra en el santuario, se levantará, se pondrá las vestiduras de venganza, y entonces se derramarán las siete postreras plagas". **PE:36**.
"Los dardos de la ira de Dios[149] pronto han de caer, y cuando él comience a castigar a los transgresores, no habrá ningún período de respiro hasta el fin". **TM:182**.
"En rápida sucesión, un ángel tras otro descargará su ira sobre los habitantes de la tierra". **ST, 17 de Enero de 1900**.
"En el futuro habrá quebrantamiento de tronos y gran angustia de las naciones, con perplejidad. Satanás trabajará con intensa actividad. La tierra se llenará con el clamor y sufrimiento de las naciones agonizantes. Habrá guerra, mucha guerra. Los lugares de la tierra estarán en confusión, cuando de las entrañas del planeta se derrame su ardiente contenido, para destruir a los habitantes del mundo". **18ML:92**.
"El pueblo de Dios se verá entonces sumido en las escenas de aflicción y angustia descritas por el profeta y llamadas el tiempo de la apretura de Jacob". **CS:673**.
"Satanás... ha puesto a todos sus agentes a trabajar, para que los hombres puedan ser engañados, entrampados, ocupados y extasiados, hasta que el día del tiempo de gracia termine, y la puerta de la mi-

---

[148] Estas no son tinieblas literales sino espirituales, porque no caen sobre la tierra (ver CS:693) sino sobre "los habitantes de la tierra." (Ver también CS:545. Si estas tinieblas fueran literales, el pueblo de Dios podría saber cuando termina el tiempo de gracia, pero ellos no sabrán esto.

[149] Estos "rayos de la ira de Dios" son las siete últimas plagas, no las calamidades que preceden al cierre del tiempo de gracia, porque cuando estos rayos de ira comiencen a caer no habrá tregua, pero sí habrá una breve tregua entre las calamidades que sobrevengan en torno al cierre del tiempo de gracia y antes que comiencen a caer las plagas. (Véase CS:545).

sericordia se cierre para siempre. Vendrá el tiempo cuando ningún bálsamo humano podrá aliviar la angustia que sobrevendrá. Ángeles guardianes están restringiendo los cuatro vientos, que no soltarán hasta que las frentes de los siervos de Dios sean selladas; pero cuando Dios ordene a sus ángeles que suelten los vientos, habrá una escena de conflicto tal que ninguna pluma puede describir". **RH, 14 de Marzo de 1912.**

"Cuando Cristo deje de interceder en el santuario, se derramará sin mezcla la ira de Dios de la que son amenazados los que adoran a la bestia y a su imagen y reciben su marca. (Apoc. 14:9-10)... En el Apocalipsis se lee lo siguiente con referencia a esas mismas plagas tan temibles: "Vino una plaga mala y dañosa sobre los hombres que tenían la señal de la bestia, y sobre los que adoraban su imagen". El mar "se convirtió en sangre como de un muerto; y toda alma viviente fue muerta en el mar". También "los ríos, y... las fuentes de las aguas... se convirtieron en sangre". Por terribles que sean estos castigos, la justicia de Dios está plenamente vindicada. El ángel de Dios declara: "Justo eres tú, oh Señor... porque has juzgado estas cosas: porque ellos derramaron la sangre de los santos y de los profetas, también tú les has dado a beber sangre; pues lo merecen" (Apoc. 16:2-6). Al condenar a muerte al pueblo de Dios, los que lo hicieron son tan culpables de su sangre como si la hubiesen derramado con sus propias manos".[150] **CS:685-686.**

"En la [cuarta] plaga que sigue, se le da poder al sol para "quemar a los hombres con fuego. Y los hombres se quemaron con el grande calor" (Apoc. 16:8-9). Los profetas describen como sigue el estado de la tierra en tan terrible tiempo: "Enlutóse la tierra;... porque se perdió la mies del campo". "Secáronse todos los árboles del campo; por lo cual se secó el gozo de los hijos de los hombres". "El grano se pudrió debajo de sus terrones, los bastimentos fueron asolados". "¡Cuánto gimieron las bestias! ¡Cuán turbados anduvieron los hatos de los bueyes, porque no tuvieron pastos! ... Se secaron los arroyos de las aguas, y fuego consumió las praderías del desierto" (Joel 1:10-12, 17-18, 20). "Y los cantores del templo aullarán en aquel día, dice el Señor Jehová; muchos serán los cuerpos muertos; en todo lugar los echarán fuera en silencio" (Amós 8:3).

Estas [primeras cuatro] plagas no serán universales,[151] pues de lo contrario los habitantes de la tierra serían enteramente destruidos. Sin embargo serán los azotes más terribles que hayan sufrido jamás los hombres. Todos los juicios que cayeron sobre los hombres antes del fin del tiempo de gracia fueron mitigados con misericordia... pero en el juicio final la ira de Dios se derramará sin mezcla de misericordia.

En aquel día, multitudes enteras invocarán la protección de la misericordia divina que por tanto tiempo despreciaran". **CS:686-687.**

Los profesos cristianos durante el tiempo de angustia de Jacob.-

"En estos días del gran tiempo de angustia, los que han sido infieles en sus deberes de la vida, y cuyos errores y pecados de negligencia son registrados contra ellos en el libro del cielo, los que no se arrepintieron ni fueron perdonados, serán presa de Satanás... No tendrán albergue en el tiempo de angustia de Jacob. Sus pecados aparecerán de tal magnitud que no tendrán confianza para orar, ni corazón para luchar como lo hizo Jacob. Por otro lado, en el caso de los que hayan cometido pecados similares en sus vidas, pero que se hayan arrepentido de haberlos cometido, y con dolor genuino los hayan confe-

---

[150] Elena G. de White dice: "Estas [plagas] enfurecieron a los malvados contra los justos, pues los primeros pensaron que habíamos atraído los juicios de Dios sobre ellos, y que si podían raemos de la tierra las plagas se detendrían. Se promulgó un decreto para matar a los santos, lo cual los hizo clamar día y noche por su libramiento" (PE:36-37). Probablemente, la orden de matar al pueblo de Dios será dada durante el derramamiento de la segunda plaga, porque la tercera plaga es derramada en retribución de este decreto, y "estas plagas" (más de una) enfurecerán a los malvados contra los justos y los llevarán a promulgar un decreto de muerte. Esto parece indicar que el decreto es promulgado durante la segunda plaga, ya que no hay tregua entre una plaga y otra.

[151] El hecho que las primeras cuatro plagas no son universales, parece implicar que las últimas tres lo son. Así, cuando la quinta plaga caiga, "densas tinieblas, más sombrías que la oscuridad de la noche, caen sobre la tierra" (CS:693). La séptima plaga es también claramente universal, porque el terrible terremoto afecta a todo el planeta.

La sexta plaga es el secamiento del "gran río Eufrates" y no la Batalla del Armagedón. La sexta plaga cae cuando "las multitudes encolerizadas" (CS:693) —las aguas sobre las cuales la Babilonia espiritual descansa (Apoc. 17:15)— se darán cuenta que han estado peleando contra Dios y retiren su apoyo de la Babilonia espiritual. "Cuando la voz de Dios ponga fin al cautiverio de su pueblo, será terrible el despertar para los que lo hayan perdido todo en la gran lucha de la vida" (CS:71 l). Este retiro de apoyo hace a la Babilonia simbólica vulnerable para que "los reyes del oriente" —el Padre y el Hijo en la segunda venida— la capturen (Apoc. 16:12).

sado, se escribirá el perdón al lado de sus nombres en los registros celestiales. Serán escondidos en el día de la ira del Señor. Satanás atacará a este grupo, pero como Jacob, recibirán fuerza de Dios; y fiel a su carácter, él estará en paz con ellos, y enviará sus ángeles para consolarlos, bendecirlos y sostenerlos en su tiempo de angustia. El tiempo de angustia de Jacob probará a cada uno, y distinguirá al verdadero cristiano del que lo es sólo de nombre". **ST, 27 de Noviembre de 1879.**

"Los cristianos profesos que lleguen sin preparación al último y terrible conflicto, confesarán sus pecados con palabras de angustia consumidora, mientras los impíos se reirán de esa angustia". **CS:678.**

"Los que han sido infieles en sus deberes de la vida, y cuyos errores y pecados de negligencia estén registrados contra ellos en el libro del cielo, los que no se arrepintieron ni fueron perdonados... no tendrán albergue en el tiempo de angustia de Jacob. Sus pecados aparecerán de tal magnitud que no tendrán confianza para orar". **ST, 27 de Noviembre de 1879.**

"Los que han elegido los placeres del mundo y se hayan revelado contra Dios, clamarán por misericordia cuando no haya nadie que conteste sus oraciones... Al darse cuenta que no tienen refugio de la terrible tormenta de la ira de Dios, pedirán una hora de gracia". **YI, 01 de Enero de 1854.**

El verdadero pueblo de Dios durante el gran tiempo de angustia.-

"Dios protegerá en forma maravillosa a su pueblo durante el tiempo de angustia. Así como Jesús derramó su alma en la agonía del jardín, ellos angustiadamente clamarán a Dios de día y de noche para que los libre. Se establecerá el decreto según el cual deben descartar el sábado del cuarto mandamiento y honrar el primer día, o perder sus vidas; pero ellos no cederán, al grado de pisotear el sábado del Señor, y honrar una institución del papado". **4SG:113.**

"En el tiempo cuando los juicios de Dios estén cayendo sin misericordia, ¡oh, cuán envidiable será para los malvados la posición de los que moran "al abrigo del Altísimo', el pabellón en el cual el Señor esconde a todos los que lo han amado y guardado sus mandamientos! En ese momento, para todos los que están sufriendo por causa de sus pecados, la suerte de los rectos es verdaderamente envidiable. Pero la puerta de la misericordia se ha cerrado para los malvados, y una vez que se termina el tiempo de gracia ya no se ofrecen más oraciones en su favor". **8ML:193.**

"En el tiempo de angustia nadie [de los integrantes del pueblo de Dios] trabajará con sus manos. Sus sufrimientos serán mentales, y Dios les proveerá de alimento". **EUD:269.**

"El pueblo de Dios no quedará libre de padecimientos; pero aunque sea perseguido y acongojado y aunque sufra privaciones y falta de alimento, no será abandonado para perecer... Mientras los malvados estén muriéndose de hambre y pestilencia, los ángeles protegerán a los justos y suplirán sus necesidades...

Sin embargo, por lo que ven los hombres, parecería que los hijos de Dios tuviesen que sellar pronto su destino con su sangre, como lo hicieron los mártires que los precedieron. Ellos mismos empiezan a temer que el Señor los deje perecer en las manos homicidas de sus enemigos. Es un tiempo de terrible agonía. De día y de noche claman a Dios para que los libre...

Si los hombres tuviesen la visión del cielo, verían compañías de ángeles poderosos en fuerza estacionados en torno de los que han guardado la palabra de la paciencia de Cristo. Con ternura y simpatía, los ángeles han presenciado la angustia de ellos y han escuchado sus oraciones". **CS:687, 689.**

"Los que vivan en los últimos días deberán pasar por una experiencia similar a la de Jacob [cuando luchó con el ángel]. Los enemigos los rodearán, listos para condenar y destruir. Alarma y desesperación se apoderará de ellos, porque les parecerá, como a Jacob en su angustia, que Dios mismo se ha convertido en un enemigo vengador". **ST, 27 de Noviembre de 1879.**

"El tiempo de angustia es crucial para revelar el verdadero carácter de Cristo. Está designado para guiar al pueblo de Dios a renunciar a Satanás y sus tentaciones. El último conflicto les revelará el verdadero carácter de Satanás, como un cruel tirano y hará por ellos lo que nada más pudo lograr, desarraigarlo enteramente de sus afectos". **RH, 12 de Agosto de 1884.**

"Que ninguno se desanime por las duras pruebas que enfrentaremos en el tiempo de angustia de Jacob, que todavía tenemos por delante. Debemos trabajar ferviente y ansiosamente, no en ese tiempo sino ahora. Lo que necesitamos es una experiencia personal ahora. En estas preciosas horas del fin del tiempo de gracia, tenemos que ganar una experiencia viva. De ese modo formaremos caracteres que asegurarán nuestra liberación en el tiempo de angustia". **RH, 12 de Agosto de 1884.**

El decreto de muerte universal.-

"Vi después que los magnates de la tierra consultaban entre sí, y Satanás y sus ángeles estaban atareados en torno de ellos. Vi un edicto del que se repartieron ejemplares por distintas partes de la tierra, el cual ordenaba que si dentro de determinado plazo no renunciaban los santos a su fe peculiar y prescindían del sábado para observar el primer día de la semana, quedaría la gente en libertad para matarlos". **PE:282.**

"Por más que un decreto general [o universal[152]] fija el tiempo en que los observadores de los mandamientos puedan ser muertos, sus enemigos, en algunos casos, se anticiparán al decreto y tratarán de quitarles la vida antes del tiempo fijado". **CS:689.**

"[Después del cierre del tiempo de gracia] el pueblo de Dios se verá... sumido en las escenas de aflicción y angustia descritas por el profeta y llamadas el tiempo de la apretura de Jacob: "Porque así ha dicho Jehová: Hemos oído voz de temblor: espanto, y no paz... . Hanse tornado pálidos todos los rostros. ¡Ah, cuán grande es aquel día! tanto, que no hay otro semejante a él: tiempo de angustia para Jacob; mas de ella será librado" (Jer. 30:5-7)...

Satanás influyó en Esaú para que marchase contra Jacob; así también instigará a los malos para que destruyan al pueblo de Dios en el tiempo de angustia... acusará también al pueblo de Dios. Cuenta a las multitudes del mundo entre sus súbditos, pero la pequeña compañía de los que guardan los mandamientos de Dios resiste a su pretensión a la supremacía. Si pudiese hacerlos desaparecer de la tierra, su triunfo sería completo. Ve que los ángeles protegen a los que guardan los mandamientos e infiere que sus pecados les han sido perdonados; pero no sabe que la suerte de cada uno de ellos ha sido resuelta en el santuario celestial. Tiene conocimiento exacto de los pecados que les ha hecho cometer y los presenta ante Dios con la mayor exageración y asegurando que esa gente es tan merecedora como él mismo de ser excluida del favor de Dios... Los reclama como presa suya y pide que le sean entregados para destruirlos...

Aun cuando los hijos de Dios se ven rodeados de enemigos que tratan de destruirlos, la angustia que sufren no procede del temor de ser perseguidos a causa de la verdad; lo que temen es no haberse arrepentido de cada pecado y que debido a alguna falta por ellos cometida no puedan ver realizada en ellos la promesa del Salvador: "Yo también te guardaré de la hora de prueba que ha de venir sobre todo el mundo" (Apoc. 3:10, VM). Si pudiesen tener la seguridad del perdón, no retrocederían ante las torturas ni la muerte; pero si fuesen reconocidos indignos de perdón y hubiesen de perder la vida a causa de sus propios defectos de carácter, entonces el santo nombre de Dios sería vituperado...

Afligen sus almas ante Dios, recordándole cada uno de sus actos de arrepentimiento de sus numerosos pecados y la promesa del Salvador: '¿Forzará alguien mi fortaleza? Haga conmigo paz, sí, haga paz conmigo'. (Isa. 27:5). Su fe no decae si sus oraciones no reciben inmediata contestación, Aunque sufren la ansiedad, el terror y la angustia más desesperantes, no dejan de orar. Echan mano del poder de Dios como Jacob se aferró al ángel; y de sus almas se exhala el grito: "No te soltaré hasta que me hayas bendecido"...

Dios no rechazará a los que han sido engañados, tentados y arrastrados al pecado, pero que hayan vuelto a él con verdadero arrepentimiento. Mientras Satanás trata de acabar con esta clase de personas, Dios enviará sus ángeles para consolarlas y protegerlas en el tiempo de peligro. Los asaltos de Satanás son feroces y resueltos, sus engaños[153] terribles, pero el ojo de Dios descansa sobre su pueblo y su oído escucha su súplica. Su aflicción es grande, las llamas del horno parecen estar a punto de consumirlos; pero el Refinador los sacará como oro purificado por el fuego. El amor de Dios para con sus hijos durante el período de su prueba más dura es tan grande y tan tierno como en los días de su mayor prosperidad". **CS:673-679.**

"El "tiempo de angustia, cual nunca fue después que hubo gente" se iniciará pronto; y para entonces necesitaremos tener una experiencia que hoy por hoy no poseemos y que muchos no pueden lograr debido a su indolencia. Sucede muchas veces que los peligros que se esperan no resultan tan grandes como uno se los había imaginado; pero éste no es el caso respecto de la crisis que nos espera. La imaginación más fecunda no alcanza a darse cuenta de la magnitud de tan dolorosa prueba. En aquel tiem-

---

[152] PR:376. En otras palabras, el decreto de muerte será un edicto mundial.

[153] El engaño casi irresistible que Satanás intentará después del cierre del tiempo de gracia, consistirá en hacerse pasar por el Cristo glorificado. (Véanse CS:682; EUD:169, citado abajo).

po de tribulación, cada alma deberá sostenerse por sí sola ante Dios. [La fe de los miembros de la iglesia será probada en forma individual, como si no hubiera otra persona en el mundo][154] **CS:680**.

Protección angélica durante el tiempo de angustia.-
"Mientras las dificultades se multiplican en torno al... pueblo de Dios entre los peligros de los últimos días, Dios enviará sus ángeles para que nos acompañen y nos acerquen más y más al sangrante costado de Jesús. Y al presentarse las pruebas mayores, las pruebas menores serán olvidadas". **NEV:317**.

"En el día de la terrible prueba... [Jesús] dirá: "¡Ven, pueblo mío, entra en tus aposentos, cierra tus puertas sobre ti; escóndete por un corto momento, hasta que pase la indignación!"... (Isa. 26:20-21, VM). ¿Cuáles son los aposentos en los cuales ellos deben esconderse? Son la protección de Cristo y sus santos ángeles. No todos los que forman el pueblo de Dios se encuentran en este tiempo en un solo lugar. Están en compañías diferentes, y en todas partes del mundo; y serán probados individualmente y no en grupos. Cada uno tendrá que pasar la prueba por sí mismo". **RH, 19 de Noviembre de 1908**.

"Un esfuerzo más, y se materializará el último engaño de Satanás. El oye el incesante ruego [de los santos] de que Cristo venga para que los libre. Su última estrategia es personificar a Cristo, y hacerles pensar que sus oraciones han sido contestadas". **EUD:169**.

"Pero el pueblo de Dios no se extraviará. Las enseñanzas del falso Cristo no están de acuerdo con las Sagradas Escrituras. Su bendición va dirigida a los que adoran la bestia y su imagen, precisamente aquellos sobre quienes dice la Biblia que la ira de Dios será derramada sin mezcla.

Además, no se le permitirá a Satanás contrahacer la manera en que vendrá Jesús.[155] El Salvador previno a su pueblo contra este engaño y predijo claramente cómo será su segundo advenimiento". **CS:683**.

Ningún integrante del pueblo de Dios perderá su vida después del cierre del tiempo de gracia.-
"Vi que sería libertado el pueblo de Dios que con tanta fidelidad había anunciado al mundo la ira venidera. Dios no consentiría que los malvados exterminasen[156] a quienes esperaban la traslación y no se sometían al decreto de la bestia ni recibían su marca. Vi que si a los malvados se les permitiese exterminara los santos, Satanás se alegraría, con sus malignas huestes y todos cuantos odiaban a Dios. Y ¡oh, qué triunfo fuera para su majestad satánica ejercer en la lucha final potestad sobre los que durante largo tiempo habían esperado contemplar a quien tanto amaban!". **PE:284**.

"El ojo de Dios, al mirar al través de las edades, se fijó en la crisis a la cual tendrá que hacer frente su pueblo, cuando los poderes de la tierra se unan contra él... Si la sangre de los fieles siervos de Cristo fuese entonces derramada, no sería ya, como la sangre de los mártires, semilla destinada a dar una cosecha para Dios. Su fidelidad no sería ya un testimonio para convencer a otros de la verdad, pues los corazones endurecidos han rechazado los llamamientos de la misericordia hasta que éstos ya no se dejan oír. Si los justos cayesen entonces presa de sus enemigos, sería un triunfo para el príncipe de las tinieblas... Gloriosa será la liberación de los que lo han esperado pacientemente y cuyos nombres están escritos en el libro de la vida". **CS:692**.

---

[154] 7CBA:994.

[155] Esto no significa que Satanás no tratará de imitar la segunda venida. Sin embargo, lo que haga no se comparará con los sucesos cataclísmicos asociados con la verdadera segunda venida.

[156] El hecho de que los 144.000 son liberados del decreto de muerte y que ellos son los "que fielmente advirtieron al mundo" tiende a apoyar la conclusión que los 144.000 son los que "se les permitirá tomar parte en la proclamación... [del mensaje del tercer ángel] cuando se haya convertido en el fuerte clamor" (HS:155).

Capítulo 10: La Liberación, la Resurrección Especial y la Segunda Venida.

Sucesos que ocurrirán en torno a la segunda venida.-
"Y será tiempo de angustia, cual nunca fue desde que hubo gente hasta entonces. Pero en ese tiempo será librado tu pueblo, todos los que se hallen escritos en el Libro. Muchos de los que duermen en el polvo de la tierra serán despertados, unos para vida eterna, y otros para vergüenza y confusión eterna". **Daniel 12:1-2 NRV.**
"Cristo fue ofrecido una sola vez, para quitar los pecados de muchos. Y la segunda vez, sin relación con el pecado, aparecerá para salvar a los que lo esperan". **Heb. 9:28, NRV.**
"Mirad que viene con las nubes; y todo ojo le verá, aun los que lo traspasaron. Y todos los linajes de la tierra se lamentarán por él". **Apoc. 1:7, NRV.**
"El cielo se retiró como un pergamino que se enrolla, y todo monte y toda isla fueron removidos de su lugar. Entonces los reyes de la tierra, los grandes y los ricos, los capitanes y los poderosos, y todo siervo y todo libre, se escondieron en las cuevas y entre las peñas de los montes. Y decían a los montes y a las peñas: 'Caed sobre nosotros, y escondednos de la vista de Aquel que está sentado en el trono, y de la ira del Cordero. Porque ha llegado el gran día de su ira, ¿y quién podrá quedar en pie?'". **Apoc. 6:14-17, NRV.**
"En ese día se dirá: '¡Este es nuestro Dios! Lo hemos esperado, y nos salvará. Este es el Eterno a quien hemos esperado, nos gozaremos y nos alegraremos en su salvación'". **Isa. 25:9, NRV.**
"Porque el mismo Señor descenderá del cielo con aclamación, con voz de arcángel, y con trompeta de Dios, y los muertos en Cristo resucitarán primero. Luego nosotros, los que vivamos, los que hayamos quedado, seremos arrebatados junto con ellos en las nubes, a recibir al Señor en el aire. Y así estaremos siempre con el Señor". **1 Tes. 4:16-17, NRV.**

Los malvados tratarán de matar a los santos, pero los ángeles los protegerán.-
"En el tiempo de angustia, huimos todos de las ciudades y pueblos, pero los malvados nos perseguían y entraban a cuchillo en las casas de los santos; pero al levantar la espada para matarnos, se quebraba ésta y caía tan inútil como una brizna de paja. Entonces clamamos día y noche por la liberación, y el clamor llegó a Dios". **PE:34.**
"En el tiempo de angustia, de nada les valdrán a los santos las casas ni las tierras, porque entonces tendrán que huir delante de turbas enfurecidas". **PE:56.**
"Durante la noche pasó ante mí una escena sumamente impresionante. Parecía haber gran confusión y lucha de ejércitos. Un mensajero del Señor se paró ante mí y dijo: "Llama a tu familia. Yo os conduciré; seguidme". Me llevó por un oscuro pasaje, a través de un bosque; luego por un desfiladero de las montañas, y dijo: "Aquí estarás segura". Había otros que habían sido llevados a aquel retiro. El mensajero celestial dijo: "El tiempo de prueba vendrá como ladrón en la noche, como el Señor anunció que vendría". **Maranata:268; Ms 153, 1905.**
"Vi a los santos sufrir gran angustia mental. Parecía que los malvados habitantes de la tierra los cercaban. Todas las apariencias estaban en contra de ellos. Algunos comenzaron a temer que Dios los había abandonado para perecer en las manos de los malvados. Sin embargo, si hubiesen podido abrir sus ojos, se habrían visto a sí mismos rodeados por los ángeles de Dios. Después llegó la turba de malvados enfurecidos, luego una multitud de ángeles malos que azuzaban a los malvados para exterminar a los santos. Pero para acercarse a ellos, tendrían que pasar primero por donde estaba la hueste de ángeles santos y poderosos, lo cual era imposible. Los ángeles de Dios los obligaron a retroceder y también hicieron que los ángeles malos que estaban presionando a su alrededor se retiraran. Fue una hora de terrible agonía para los santos. Clamaban a Dios día y noche por su liberación. Aparentemente, no había posibilidad de escapar. Los malvados ya habían comenzado a celebrar su triunfo, gritando: %Por qué el Dios de ustedes no los libra de nuestras manos? ¿Por qué no ascienden ustedes y salvan así sus vidas?" Los santos no les pusieron atención. Ellos estaban luchando con Dios como Jacob". **1SG:202-203.**

La voz de Dios libera a su pueblo.-

"El pueblo de Dios —algunos en las celdas de las cárceles, otros escondidos en ignorados escondrijos de bosques y montañas— invocan aún la protección divina, mientras que por todas partes compañías de hombres armados, instigados por legiones de ángeles malos, se disponen a emprender la obra de muerte. Entonces, en la hora de supremo apuro, es cuando el Dios de Israel intervendrá para librar a sus escogidos".[157] ...

Multitudes de hombres perversos, profiriendo gritos de triunfo, burlas e imprecaciones, están a punto de arrojarse sobre su presa, cuando de pronto densas tinieblas, más sombrías que la oscuridad de la noche, caen sobre la tierra. Luego un arco iris, que refleja la gloria del trono de Dios, se extiende de un lado a otro del cielo, y parece envolver a todos los grupos en oración. Las multitudes encolerizadas se sienten contenidas en el acto. Sus gritos de burla expiran en sus labios. Olvidan el objeto de su ira sanguinaria...

Es a medianoche[158] cuando Dios manifiesta su poder para librar a su pueblo. Sale el sol en todo su esplendor. Sucédense señales y prodigios con rapidez. Los malos miran la escena con terror y asombro, mientras los justos contemplan con gozo las señales de su liberación. La naturaleza entera parece trastornada. Los ríos dejan de correr. Nubes negras y pesadas se levantan y chocan unas con otras. En medio de los cielos conmovidos hay un claro de gloria indescriptible, de donde baja la voz de Dios[159] semejante al ruido de muchas aguas, diciendo: 'Hecho es'". **CS:693-694.**

"Sobrevinieron sombrías y densas nubes que se entrechocaban unas con otras. La atmósfera se partió, arrollándose hacia atrás, y entonces pudimos ver en Orión un espacio abierto de donde salió la voz de Dios". **PE:41.**

"Vi una nube resplandeciente que llegaba hasta donde estaba Jesús. Entonces Jesús... se ubicó en la nube que lo llevó hacia el este, desde donde apareció primeramente a los santos que estaban sobre la tierra: la pequeña nube negra que era la señal del Hijo del hombre". **Maranata:287.**

"Pronto se volvieron nuestros ojos hacia el oriente, donde había aparecido la nubecilla negra del tamaño de la mitad de la mano de un hombre, que era, según todos comprendían, la señal del Hijo del hombre". **PE:15.**

"Esa misma voz [de Dios] sacude los cielos y la tierra. Síguese un gran terremoto; "cual no fue jamás desde que los hombres han estado sobre la tierra" (versos 16-18). El firmamento parece abrirse y cerrarse. La gloria del trono de Dios parece cruzar la atmósfera. Los montes son movidos como una caña al soplo del viento, y las rocas quebrantadas se esparcen por todos lados. Se oye un estruendo como de cercana tempestad. El mar es azotado con furor. Se oye el silbido del huracán, como voz de demonios en misión de destrucción. Toda la tierra se alborota e hincha como las olas del mar. [El mar hervirá

---

[157] Justo antes de que la voz de Dios libre a su pueblo, se permite a los malos que descubran estos escondites, aparentemente para mostrar a la vista del universo hasta qué punto llegan los malvados en sus esfuerzos por destruir a los santos.

[158] Cuando suena la hora fatídica de la "medianoche", podemos imaginar al pueblo de Dios, algunos de ellos escondidos en los bosques, otros en las fortalezas de las montañas, y aún otros en las fosas y cavernas de la tierra, mirando intensamente el "espacio abierto de Orión" (PE 41), puestos sus ojos en el oriente (véase PE 15). Profetas y reyes, p. 720, declara que los santos perciben "la primera vislumbre de su segunda aparición". Hay una razón para esto. ¡Saben dónde mirar! Por cuanto se escucha la voz de Dios "a medianoche" desde el "espacio abierto de Orión" y los ojos del pueblo de Dios se volvieron "hacia el oriente" para que pudiesen percibir "la primera vislumbre" de su segunda venida, es posible calcular la estación del año cuando la voz de Dios libera a su pueblo. Suponiendo que "el espacio abierto de Orión" sea la nébula de Orión, que muchos astrónomos consideran ser "lo más hermoso del cielo" (The Telescope Handbook ano Star Atlas [New York: Thomas Y. Crowell, 1967], 194), según el Observatorio Naval de los Estados Unidos, el día en el cual la nébula de Orión aparece cada año en el oriente, es a la medianoche del 22 de Septiembre. Este es el primer día de otoño en el hemisferio norte. Si el espacio abierto incluye toda la constelación de Orión, podría ocurrir pocas semanas después, pero todavía en el otoño.

El hecho de que el espacio abierto de Orión aparece a la medianoche en el otoño de cada año, puede ser significativo. El predicador millerita, Samuel S. Snow, observó correctamente que los antiguos festivales judíos que se relacionaban con la segunda venida, como por ejemplo el Día de la Expiación y la Fiesta de los Tabernáculos, se llevaban a cabo en el otoño (en el hemisferio norte). Sin embargo, debemos tener cuidado de no darle importancia exagerada a este hecho astronómico, y llegar así a creer que sea posible calcular el día y la hora de la venida de Jesús. Esto es imposible, porque hay un lapso indefinido de días desde el tiempo cuando la nube [que lleva a Jesús pasa] desde el lugar santísimo hasta el oriente" (DS, 14 de Marzo de 846).

La conclusión anterior supone que la tierra continúa votando como ahora. Esta suposición parece justificarse en vista del hecho que, hasta la séptima plaga, cuando "sale el sol, brillando con todo su esplendor" "a medianoche" (CS:694), el debate entre el domingo y el sábado sigue rugiendo, lo cual sugiere que el ciclo normal de 24 horas no ha sido perturbado.

[159] Este "claro de gloria indescriptible, de donde baja la voz de Dios", es el "espacio abierto de Orión" (PE:41).

como una olla, y toda la tierra será terriblemente conmovida][160]. Su superficie se raja. Sus mismos fundamentos parecen ceder. Se hunden cordilleras. Desaparecen islas habitadas. Los puertos marítimos que se volvieron como Sodoma por su corrupción, son tragados por las enfurecidas olas... Pedrisco grande, cada piedra, "como del peso de un talento" (Apoc. 16:21), hace su obra de destrucción...
Los sepulcros se abren, y "muchos de los que duermen en el polvo de la tierra serán despertados, unos para vida eterna, y otros para vergüenza y confusión perpetua" (Daniel 12:2). Todos los que murieron en la fe del mensaje del tercer ángel [guardando el sábado[161]] salen glorificados de la tumba, para oír el pacto de paz que Dios hace con los que guardaron su ley. "Los que le traspasaron" (Apoc. 1:7), los que se mofaron y se rieron de la agonía de Cristo, y los enemigos más acérrimos de su verdad y de su pueblo, son resucitados para mirarle en su gloria y para ver el honor con que serán recompensados los fieles y obedientes". **CS:695**.
"El cautiverio de los justos se cambiará, y con suave y solemne susurro se dirán unos a otros: "Somos librados; es la voz de Dios".[162] Con solemne asombro escucharán las palabras de la voz. Los malos oirán, pero no entenderán las palabras de la voz de Dios. Temerán y temblarán, mientras que los santos se regocijarán". **1JT:132**.

Otros efectos de la voz de Dios.-

"La venida del Hijo del hombre... ocurrirá después del terrible terremoto que sacudirá la tierra. Después que la gente escucha la voz de Dios, se ven sumidos en una angustia y dificultad tales como nunca antes se habían visto desde que hubo nación, y en esas circunstancias el pueblo de Dios también sufrirá aflicción. Las nubes del cielo chocarán unas con otras y habrá tinieblas. Luego esa voz baja del cielo, las nubes comienzan a enrollarse como un pergamino, y aparece la clara y brillante señal del Hijo del hombre. Los hijos de Dios saben lo que significa esa nube.
Se escucha el sonido de la música, y mientras se acerca [a la tierra], los sepulcros se abren, los muertos son resucitados, y millares de millares de ángeles componen esa gloria y rodean al Hijo del hombre. Los que más tomaron parte en rechazarlo y crucificarlo resucitan para contemplarlo tal cual es, y para ver a los santos glorificados. Entonces los santos son transformados en un momento, en un abrir y cerrar de ojos, y son levantados para encontrarse con su Señor en el aire". **9ML:251-252**.
"Densas nubes cubren aún el firmamento; sin embargo el sol se abre paso de vez en cuando, como si fuese el ojo vengador de Jehová. Fieros relámpagos rasgan el cielo con fragor, envolviendo a la tierra en claridad de llamaradas. Por encima del ruido aterrador de los truenos, se oyen voces misteriosas y terribles que anuncian la condenación de los impíos. No todos entienden las palabras pronunciadas; pero los falsos maestros las comprenden perfectamente. Los que poco antes eran tan temerarios, jactanciosos y provocativos, y que tanto triunfaban al ensañarse en el pueblo de Dios observador de sus mandamientos, se sienten presa de consternación y tiemblan de terror. Sus llantos dominan el ruido de los elementos. Los demonios confiesan la divinidad de Cristo y. tiemblan ante su poder, mientras que los hombres claman por misericordia y se revuelcan en terror abyecto...
Por un desgarrón de las nubes una estrella arroja rayos de luz cuyo brillo queda cuadruplicado por el contraste con la oscuridad". **CS:695-696**.
"En el día de su advenimiento se oirá la última gran trompeta, y se producirá un terrible temblor que sacudirá la tierra y el cielo. La tierra entera, desde los montes más encumbrados hasta las minas más profundas, escuchará. El fuego lo penetrará todo. La atmósfera viciada será purificada por el fuego. Habiendo cumplido el fuego su misión, los muertos que han yacido en sus tumbas se levantarán, algunos para resurrección de vida, serán tomados para encontrarse con el Señor en el aire, y otros, para que observen la venida de Aquel a quien despreciaron y al que ahora reconocen como Juez de toda la tierra.

---

[160] 1T:354.

[161] PE:285.

[162] Cuando la voz de Dios se escucha liberando a su pueblo, éstos languidecen en fosos, escondidos en espesos bosques, las fortalezas de las montañas, o las grietas y cuevas de la tierra. Primero, aparentemente, sólo escuchan la voz de Dios, y reaccionan con indescriptible alivio y solemne gozo, diciendo: "Somos liberados". Entonces salen de sus escondites. Y al hacerlo quedan de tal modo abrumados al ver en su estado mortal y al descubierto la gloria de la Deidad, que los embarga el terror. Sin embargo, esta reacción es sólo momentánea, porque al instante son glorificados. Este es el "cambio maravilloso" que menciona el CS:696. Ahora pueden soportar la deslumbrante luz de la Deidad en todo su esplendor.

Las llamas no tocan a ninguno de los justos... Terremotos, huracanes, fuego e inundaciones no pueden dañara quienes están preparados para encontrarse con su Salvador en paz". **ATO:259**.

"Cuando la tierra sea sacudida de un lado a otro como un borracho, cuando sea removida como una cabaña, cuando los grandes hombres orgullosos y los que han hecho del mundo su dios lancen sus ídolos de oro y plata a los topos y murciélagos, y corran a las cavernas y hendiduras de la tierra, se oirán sus gritos pidiendo que las rocas y las montañas caigan sobre ellos y los escondan "de la vista de Aquel que está sentado en el trono, y de la ira del Cordero" (Apoc. 6:16)". **Ms 12,1895**.

"Ante la gloria de Aquel que ha de reinar, las montañas temblarán y se inclinarán, y las rocas serán arrancadas de su lugar, porque una vez más el Señor sacudirá, no sólo la tierra, sino también los cielos. Los que se dispersaron huyendo por salvar sus vidas hacia las rocas, los abismos y las cavernas de la tierra, por la violencia de sus adversarios, se alegrarán al escuchar la voz de Dios...

Los hijos de Dios se aterrorizarán al ver por primera vez la majestad de Jesucristo. Sentirán que no podrán sobrevivir ante su divina Presencia. Pero al igual que Juan, escucharán palabra de Jesús que les dirá: "No temas". El Señor colocó su mano derecha sobre Juan y lo alzó del suelo donde se encontraba postrado. Lo mismo hará con sus fieles, porque hay revelaciones mayores de la gloria de Dios que han de serles dadas". **AFC:360**; véase **PE:16**.

"Los que estaban ocultos han sido esparcidos por causa de la enemistad de los hombres hacia la ley de Jehová. Habían sido oprimidos por todos los poderes del mundo. Habían esparcidos en las cavernas de la tierra como resultado de la violencia de sus adversarios, por cuanto habían sido leales y obedientes a las leyes de Jehová. Pero llegará la liberación para el pueblo de Dios. El Señor se mostrará a sus enemigos como un Dios que retribuye justamente...

De las cavernas de la tierra, que han sido el escondite secreto del pueblo de Dios, serán llamados para ser sus testigos fieles y verdaderos.

Las personas que han hecho alarde de su rebelión, cumplirán lo que se nos presenta en Apoc. 6:15-17. En esas mismas cavernas [donde el pueblo de Dios ha estado escondido] encontrarán las declaraciones exactas acerca de la verdad en cartas y publicaciones,[163] que testifican contra ellos. Los pastores que condujeron sus ovejas por senderos falsos oirán las acusaciones que se les harán entonces: "Fuisteis vosotros los que considerasteis livianamente la verdad. Fuisteis vosotros los que nos dijisteis que la ley de Dios había sido abrogada, que era un yugo de servidumbre. Fuisteis vosotros los que proclamasteis falsas doctrinas cuando estábamos convencidos de que los adventistas tenían la verdad. La sangre de nuestras almas está sobre vuestros vestidos sacerdotales".[164] **Maranata:290**.

Se anuncia el día y la hora de la venida de Jesús.-
"Desde el cielo se oye la voz de Dios que proclama el día y la hora de la venida de Jesús, y promulga a su pueblo el pacto eterno. Sus palabras resuenan por la tierra como el estruendo de los más estrepitosos truenos". **CS:698**.

---

[163] Es evidente que el pueblo de Dios lleva consigo a los escondites los escritos del espíritu de profecía. Después de haber pasado el terrible terremoto, los malvados leen estas "cartas y... publicaciones", que los santos han dejado atrás, porque ya no los necesitan. Podemos imaginar que los santos han guardado estos escritos arriesgando sus vidas (Apoc. 20:4), y que sin duda los marcaron y los dejaron abiertos en los lugares donde los usaron por última vez. ¡Qué revelación serán estas cartas y publicaciones para los perdidos!

Observemos que al pueblo de Dios todavía se lo llama "los adventistas". Esto es animador. Pero no debiera ser motivo para que nos sintamos orgullosos. Sin embargo, contesta la pregunta: ¿Sobrevive el adventismo los peligros de la crisis venidera hasta la segunda venida? Sí, pero no necesariamente con la misma estructura organizacional de ahora. La organización de la iglesia invisible permanece intacta, pero hay pocas probabilidades de que la organización de la iglesia visible sobreviva en la forma que la conocemos.

[164] Orden sugerente de los acontecimientos: Aparentemente estos sucesos críticos y cataclísmicos ocurren en el siguiente orden: (1) Dios permite que los malvados descubran los lugares donde su pueblo ha estado escondido, poco antes que se cumpla el decreto de muerte; (2) Cuando se acerca la medianoche y los malvados se lanzan a matar, "densas tinieblas, más sombrías que la oscuridad de la noche" los detienen (CS:693); (3) En el último momento, a la medianoche, Dios cambia los papeles de los perseguidores de su pueblo y libera a sus santos oprimidos, haciendo oír su voz desde el "espacio abierto de Orión" (PE:41); (4) ocurre un terrible terremoto; (5) Los malvados, aterrorizados, huyen hacia las cuevas donde el pueblo de Dios había estado escondido, probablemente porque son el albergue más cercano; (6) Bien podemos imaginar que mientras huyen, se encuentran con el pueblo de Dios que sale de las cuevas, gozoso por su liberación y ansioso de encontrarse con su Señor. (7) Mientras ocurren estos sucesos, se lleva a cabo la resurrección especial.

"Los 144.000 santos vivientes reconocieron y entendieron la voz; pero los malvados se figuraron que era fragor de truenos y de terremoto".[165] **PE:15**.

"[Dios] pronunciaba una frase y se detenía mientras las palabras de la frase retumbaban por toda la tierra. El Israel de Dios permanecía con la mirada fija en lo alto, escuchando las palabras según iban saliendo de labios de Jehová y retumbaban por toda la tierra... Era un espectáculo pavorosamente solemne. Al final de cada frase los santos exclamaban: '¡Gloria! ¡Aleluya!'. **PE:285**.

"Los iluminaba una luz refulgente. ¡Cuán hermosos parecían entonces! Se había desvanecido toda huella de inquietud y fatiga, y cada rostro rebosaba salud y belleza. Sus enemigos, los paganos que los rodeaban, cayeron como muertos, porque no les era posible resistir la luz que iluminaba a los santos redimidos". **PE:272**.

"Las nubes se retiran, y el cielo estrellado brilla con esplendor indescriptible en contraste con el firmamento negro y severo en ambos lados. La magnificencia de la ciudad celestial rebosa por las puertas entreabiertas. Entonces aparece en el cielo una mano que sostiene dos tablas de piedra puestas una sobre otra... La mano abre las tablas en las cuales se ven los preceptos del Decálogo inscritos como con letras de fuego. Las palabras son tan distintas que todos pueden leerlas. La memoria se despierta, las tinieblas de la superstición y de la herejía desaparecen de todos los espíritus, y las diez palabras de Dios, breves, inteligibles y llenas de autoridad, se presentan a la vista de todos los habitantes de la tierra". **CS:697**.

"Cuando se abra el templo de Dios en el cielo, qué ocasión de triunfo será para los fieles y leales.[166] En el templo se verá el arca del pacto en la cual fueron puestas las dos tablas de piedra, sobre las cuales está escrita la ley de Dios. Esas tablas de piedra serán sacadas de su escondedero, y en ellas se verán los Diez Mandamientos esculpidos por el dedo de Dios. Esas tablas de piedra que ahora están en el arca del pacto serán un testimonio convincente de la verdad y la vigencia de la ley de Dios". **7CBA:983**.

La señal del Hijo del Hombre.-

"La voz de Dios estremeció los cielos y la tierra, y dio a los 144.000 el día y la hora de la venida de Jesús. Entonces los santos fueron liberados... porque... [Dios] había cambiado su cautiverio. Y vi una nube de fuego venir hacia donde Jesús estaba. El se despojó de sus ropas sacerdotales y se vistió con la capa real y ocupó su lugar sobre la nube, que lo llevó hacia el oriente, donde por primera vez apareció a los santos de la ' tierra una nubecilla negra, que era la señal del Hijo del hombre. Mientras la nube iba pasando desde el Santísimo al oriente, lo que llevó varios días, la sinagoga de Satanás adoraba a los pies de los santos". **DS, 14 de Marzo de 1846**.

"Se volvieron nuestros ojos hacia el oriente, donde había aparecido una nubecilla negra del tamaño de la mitad de la mano de un hombre, que era, según todos comprendían, la señal del Hijo del hombre. En solemne silencio, contemplábamos cómo iba acercándose la nubecilla, volviéndose cada vez más esplendorosa hasta que se convirtió en una gran nube blanca cuya parte inferior parecía fuego. Sobre la nube lucía el arco iris y en torno de ella aleteaban diez mil ángeles cantando un hermosísimo himno. En la nube estaba sentado el Hijo del hombre". **PE:15**.

"Al principio no distinguimos a Jesús en la nube; pero al acercarse más a la tierra, pudimos contemplar su bellísima figura". **PE:35**.

"Todo el cielo se vaciará de ángeles, mientras los santos lo estén esperando, mirando hacia el cielo, como lo hicieron los galileos cuando ascendió desde el Monte de las Olivas. Entonces únicamente los que sean santos, los que hayan seguido plenamente al manso Dechado, se sentirán arrobados de gozo y exclamarán al contemplarle: "He aquí, éste es nuestro Dios; le hemos esperado, y nos salvará".[167] Y serán transformados "en un momento, en un abrir y cerrar de ojos, a la final trompeta"". **PE:109-110**.

---

[165] "No todos entienden las palabras pronunciadas; pero los falsos maestros las comprenden perfectamente" (CS:695).

[166] El pueblo de Dios triunfa cuando la voz de Dios cambia la cautividad de su pueblo. Es después de esto que "se abre el templo celestial de Dios... [y] en el templo... [sé] ve el arca del testamento" con "las dos tablas de piedra", sobre las cuales están "escritos" los "Diez Mandamientos".

[167] Los malos han sido engañados por personificaciones satánicas de todas clases, mas no el pueblo de Dios. Cuando Satanás personifique a Cristo (CS:682), los malos exclamarán: "¡Cristo ha venido! ¡Cristo ha venido!" (CS:682). (Véase Juan 5:43 NRV). Pero el pueblo de Dios no ha sido desviado. Pacientemente (Apoc. 14:12) esperan la aparición de su Señor, y al reconocerlo en las nubes de los cielos, exclaman: "¡Este es nuestro Dios! Lo hemos esperado, y nos salvará" (Isa. 25:9; la cursiva es nuestra)

"No hay lenguaje humano capaz de describir las escenas de la segunda venida del Hijo del Hombre en las nubes de los cielos. El vendrá con su propia gloria y con la gloria del Padre y de los santos ángeles. Vendrá cubierto con un manto de luz, que ha usado desde los días de la eternidad". **RH, 05 de Septiembre de 1899**.

"Decenas de millares de ángeles, hermosos y triunfantes hijos de Dios, llenos de gloria y belleza sin igual, lo escoltarán en su venida... En vez de aquel viejo manto morado, vestirá un ropaje muy blanco, "que ningún lavador en la tierra los puede hacer tan blancos" [Mar. 9:3]. Y en su. vestidura y en su muslo llevará escrito este nombre: "Rey de reyes y Señor de señores" [Apoc. 19:16]. **RH, 13 de Noviembre de 1913**.

Cuando se lleve a cabo el juicio del segundo advenimiento.-
"Cristo desea que todos comprendan los sucesos relacionados con su segunda venida. La escena del juicio[168] tendrá lugar en presencia de todos los mundos; porque en este juicio el gobierno de Dios será vindicado, y se afirmará y exaltará su ley como "santa, justa y buena". Entonces todo caso se decidirá, y la sentencia se pasará a todos". **RH, 20 de Septiembre de 1898**.

"La hora del juicio[169] está a la puerta; ha demorado tanto sólo por la bondad y la misericordia de Dios. Pero el sonido de la trompeta sorprenderá a los vivos que no estén preparados, y despertará las pálidas naciones de los muertos. El grandioso trono blanco aparecerá, y todos los muertos justos resucitarán para disfrutar de la inmortalidad". **RH, 24 de Mayo de 1887**.

"El Hijo del Hombre vendrá en las nubes de los cielos con su propia gloria y con la gloria del Padre[170] y la de los santos ángeles. La ley de Dios será revelada en su majestad; y los que con su rebeldía desafiaron sus santos preceptos comprenderán que la ley que descartaron, despreciaron y pisotearon es la norma del carácter de Dios".[171] ...Los que han ministrado en palabra y en doctrina; que han enseñado con suave lenguaje y discursos elocuentes que la ley de Dios no es más obligatoria, que el sábado del cuarto mandamiento fue dado sólo para los judíos; los que han instruido a sus oyentes a despreciar las advertencias enviadas por los profetas, apóstoles y siervos enviados, recibirán en sus mentes una revelación de las escenas del Sinaí en toda su grandeza". **RH, 22 de Noviembre de 1898**.

"Cuando sea el juicio, y los libros sean abiertos, y todo hombre sea juzgado según las cosas escritas en los libros, entonces las tablas de piedra, escondidas por Dios hasta ese día,[172] serán presentadas ante el mundo como la norma de justicia". **RH, 28 de Enero de 1909**.

"Hay un santuario, y en él está el arca, y en el arca están las tablas de piedra, en las cuales están escritas las palabras desde el Sinaí en medio de escenas de terrible grandeza. Estas tablas de piedra están en los cielos,[173] y ese día serán traídas cuando el sea el juicio y los libros sean abiertos, y los hombres

---

[168] La Biblia enseña claramente que se llevará a cabo un juicio en la segunda venida de Cristo (2 Tim. 4:1). Es en este juicio cuando "todo caso será decidido, y la sentencia se pasará a todos". Sin embargo, la sentencia será ejecutada después del milenio.

[169] El hecho de que esto habla de "los vivos que no están preparados" y de "todos los justos muertos.... [que] se levantan para la inmortalidad" establece que este es el juicio del segundo advenimiento.

[170] Cristo le dijo a Caifás: "En el futuro veréis al Hijo del Hombre sentado a la diestra del Todopoderoso, y que viene en las nubes del cielo" (Mat. 26:64, NRV). El único que pudo haber sido llamado Todopoderoso es Dios el Padre.

[171] En la segunda venida, Cristo viene en las nubes del cielo con su propia gloria, con la gloria de su Padre, y con la gloria de todos los santos ángeles. "La ley de Dios", que es "revelada en su majestad" en esa hora, es la ley que contiene "el sábado del cuarto mandamiento". En otras palabras, es la ley de los Diez Mandamientos.
El hecho que "a los que hayan ministrado en palabra y doctrina; que con palabras amables y discursos placenteros hayan enseñado que la ley de Dios ya no es válida... se les revelarán en su mente las escenas del Sinaí en toda su grandeza", muestra que estas personas son los vivientes que se perderán. Por lo tanto, son los que han pasado vivos a través del conflicto entre el domingo y el sábado, que comienza antes del cierre del tiempo de gracia y culmina cuando las tablas de los Diez Mandamientos aparecen en el cielo (véase ST, 14 de Noviembre de 1895, citado bajo el subtítulo The Tables of Stone of the Original Law Will be the Standard [Las tablas de piedra de la Ley original serán la norma).

[172] "Las tablas de piedra escondidas por Dios hasta" "el juicio" que "se presentan al mundo como una norma de justicia", son las tablas originales de la ley, no una réplica dada a Moisés, porque Moisés y otros vieron las tablas de la ley que Dios le dio, pero ningún mortal, salvo los profetas de Dios en visión, han contemplado las tablas de la ley originales (TS:62). Ellas permanecen "escondidas". Esta conclusión la confirma la siguiente declaración hallada en 20ML:68.

[173] El conflicto de los siglos declara que la ley de Dios en el santuario celestial es la original, de la cual los preceptos esculpidos en las tablas de piedra, y registrados por Moisés en el Pentateuco, fueron una transcripción exacta". Estas tablas de piedra, qué fueron dadas a Moisés, fueron colocadas en el arca del pacto (1CBA:1123). Elena de White declara que en el tiempo de Jeremías (592 AC) algunos de "los justos de Jerusalén" "escondieron" en una cueva esta "arca sagrada que contenía las tablas de piedra en las cuales se habían trazado los preceptos del Decálogo", y agrega que esta arca "nunca ha

sean juzgados de acuerdo a las cosas escritas en los libros. Serán juzgados por la ley escrita por el dedo de Dios y dada a Moisés para guardar en el arca". **20ML:68**.

Las tablas de piedra originales que contienen la ley de Dios son la norma.-
"Mentes y corazones sacrílegos pensaron ser suficientemente poderosos como para cambiar los tiempos y las leyes del Señor; pero seguras en los archivos del cielo, en el arca de Dios, están los mandamientos originales, escritos en dos tablas de piedra. Ninguna potestad de la tierra tiene poder para sacar esas tablas. de su escondite sagrado, debajo del asiento de la misericordia".[174] **ST, 28 de Febrero de 1878**.
"La ley original de Dios está guardada en forma segura en el arca del santuario celestial, y será presentada al hombre tal como Dios la escribió en las tablas de piedra... El cuarto mandamiento será encontrado en el seno del Decálogo, tal como fue escrito por el dedo de Dios, y toda alma que haya exaltado el falso día de reposo sobre el sábado que fue santificado, bendecido y dado a la humanidad para respetar y observar, será hallada en desacuerdo con la ley de Dios... Los que a sabiendas han pisoteado el verdadero día de reposo, y han exaltado en su lugar una institución falsa, tendrán que dar cuenta por sus hechos ante el Señor que hizo los cielos y la tierra, el mar, y todas las cosas que hay en él".[175] **ST, 14 de Noviembre de 1895**.
"Es imposible describir el horror y la desesperación de los que han pisoteado los sagrados requerimientos de Dios".[176]
Los enemigos de la ley de Dios, desde los ministros hasta el más insignificante entre ellos, adquieren un nuevo concepto de lo que es la verdad y el deber. Reconocen demasiado tarde que el día de reposo del cuarto mandamiento es el sello del Dios vivo". **CS:698**.

La resurrección general de los muertos justos.-
"El Rey de reyes desciende en la nube, envuelto en llamas de fuego. El cielo se recoge como un libro que se enrolla, la tierra tiembla ante su presencia, y todo monte y toda isla se mueven de sus lugares. .
Entre las oscilaciones de la tierra, las llamaradas de los relámpagos y el fragor de los truenos, el Hijo de Dios llama a la vida a los santos dormidos. Dirige una mirada a las tumbas de los justos, y levantando luego las manos al cielo, exclama: "¡Despertaos, despertaos, despertaos, los que dormís en el polvo, y levantaos!" Por toda la superficie de la tierra, los muertos oirán esa voz; y los que la oigan vivirán. Y toda la tierra repercutirá bajo las pisadas de la multitud extraordinaria de todas las naciones, tribus, lenguas y pueblos. De la prisión de la muerte sale revestida de gloria inmortal gritando: "¿Dónde está, oh muerte, tu aguijón? ¿Dónde, oh sepulcro, tu victoria?" (1 Cor. 15:55). Y los justos vivos unen sus voces a las de los santos resucitados en prolongada y alegre aclamación de victoria.

---

sido sacada desde que fue escondida" (PR:334). "Pero al tiempo señalado, él sacará estas tablas de piedra para que sean testimonio a todo el mundo contra el rechazo de sus mandamientos y contra la idolatría del falso día de reposo" (1ML:1109).
Sin lugar a dudas, una cosa es clara: Las "tablas de piedra que están en el santuario celestial" no son las tablas escondidas en la cueva aquí en la tierra. "La ley" mencionada en Manuscript 20, 1906, citada arriba, es lo escrito en las tablas de piedra en el arca del santuario celestial, no las tablas de piedra mismas. Prueba de que esto es correcto aparece en la revista ST, 28 de Febrero de 1878 y en la RH, 14 de Noviembre de 1895, ambas citadas arriba.
[174] Durante el conflicto del domingo contra el sábado antes del tiempo de gracia, "mentes y corazones sacrílegos pensaron que eran tan poderosas como para cambiar los tiempos y las leyes del Señor". De hecho, los poderes terrenales" se han atrevido a sustituir "las leyes de los hombres por la ley de Dios" (RH, 23 de Abril de 1901), pero no han podido tocar los "mandamientos originales", que están "seguros en los archivos del cielo".
[175] Es evidente que esta gente estará viva para la segunda venida. Si para entonces estarán vivos, lo estuvieron cuando "el falso sábado" fue exaltado antes del cierre del tiempo de gracia. Sin embargo, "intencionalmente pisotearon el verdadero sábado" y ellos "tendrán que dar cuenta por sus actos ante el Señor, cuando "la ley original de Dios... en el santuario celestial... sea presentada al hombre" (véase RH, 22 de Noviembre de 1898, citada arriba).
[176] Podemos imaginar la consternación de los perdidos cuando "los mandamientos originales" aparezcan en el cielo. Durante el conflicto entre el sábado y el domingo, cuando Dios presenta, o permite que los hombres presenten, la "copia" de su "ley" (1CBA:1123) encontrada en "una cueva" aquí en la tierra (PR:334), las tablas de piedra, que "él dio a Moisés", "para testimonio a todo el mundo contra el descuido de sus mandamientos y contra la idolatría del falso día de reposo" (1CBA:1123) --"los que se rebelaron contra sus santos preceptos comprenderán que la ley que han descartado, despreciado y pisoteado es la santa norma del carácter de Dios" (RH, 22 de Noviembre de 1898). "Reconocen demasiado tarde que el día de reposo del cuarto mandamiento es el sello de Dios" (CS:698).

Todos salen de sus tumbas de igual estatura que cuando en ellas fueran depositados... Pero todos se levantan con la lozanía y el vigor de eterna juventud... La forma mortal y corruptible, desprovista de gracia, manchada en otro tiempo por el pecado, se vuelve perfecta, hermosa e inmortal. Todas las imperfecciones y deformidades quedan en la tumba". **CS:699-703**.

Lo mortal se viste de inmortalidad y la corrupción se viste de incorrupción.-
"Los justos vivos son mudados "en un momento, en un abrir de ojo". A la voz de Dios fueron glorificados; ahora son hechos inmortales, y juntamente con los santos resucitados son arrebatados para recibir a Cristo su Señor en los aires. Los ángeles "juntarán sus escogidos de los cuatro vientos, de un cabo del cielo hasta el otro"". **CS:703**.
"Los 144.000 exclamaron: "¡Aleluya!" al reconocer a los amigos que la muerte había arrebatado de su lado". **PE:16**.
"Cuando los niñitos salen inmortalizados de sus lechos polvorientos, inmediatamente vuelan hacia los brazos de sus madres". **2MS:297**.
"Amigos, a quienes la muerte tenía separados desde largo tiempo, se reúnen para no separarse más, y con cantos de alegría suben juntos a la ciudad de Dios". **CS:703**.

Ascensión al mar de cristal.-
"Juntos entramos en la nube y durante siete días fuimos ascendiendo al mar de vidrio".[177] **PE:16**.

---

[177] Como el viaje al mar de vidrio lleva siete días, todos los redimidos habrán guardado por lo menos un sábado antes de entrar al cielo.
Que sea nuestro bendito privilegio "escapar de todas estas cosas que han de venir, y de estar en pie ante el Hijo del Hombre" (Luc. 21:36), amparados en su justicia.

Otros libros referentes al Espíritu de Profecía *difíciles de encontrar*:

1. Comentario Exhaustivo de Genesis en los Escritos de Elena G. de White.
2. Cristología en los Escritos de Elena G. de White, Ralph Larson.
3. Testimonios Selectos Volumen 1, Elena G. de White
4. Testimonios Selectos Volumen 2, Elena G. de White
5. Testimonios Selectos Volumen 3, Elena G. de White
6. Testimonios Selectos Volumen 4, Elena G. de White
7. Testimonios Selectos Volumen 5, Elena G. de White.
8. 1888 Materiales; Volúmenes 1-4 en español, Autor: Elena G. de White.
9. Preparación para la Crisis Final, Fernando Chaij.
10. Comentario Exhaustivo de Apocalipsis en los Escritos de Elena G. de White.
11. Comentario Exhaustivo de Daniel en los Escritos de Elena G. de White.
12. Un llamado al Evangelismo Médico. Elena G. de White.
13. De la Ciudad al campo, Elena G. de White.
14. Salid de las Ciudades, Elena G. de White.
15. Eventos del Tiempo Final, Elena G. de White.
16. Colección Spalding y Magan, Elena G. de White.
17. Lecciones sobre la Vida de Nehemías, Elena G. de White.
18. Lecciones sobre la Vida de Enoc, Elena G. de White.
19. Lecciones sobre la Vida de Daniel, Elena G. de White.

*TODOS LOS LIBROS DE ELLEN WHITE ESTARAN DISPONIBLES EN ESTE TAMAÑO. Si desea adquirirlos al por mayor, son por cajas de 50 libros y nos puede contactar a este correo para más información y saber nuestras próximas publicaciones:

lsdistribution07@gmail.com

Other books concerning the Spirit of Prophecy *that are hard to find*:

1. Exhaustive Commentary on Genesis in the Writings of Ellen G. White.
2. Christology in the Writings of Ellen G. White, Ralph Larson.
3. Selected Testimonies Volume 1, Ellen G. White.
4. Selected Testimonies Volume 2, Ellen G. White.
5. Selected Testimonies Volume 3, Ellen G. White.
6. Selected Testimonies Volume 4, Ellen G. White
7. Selected Testimonies Volume 5, Ellen G. White.
8. 1888 Materials; Volumes 1-4, Ellen G. White.
9. Exhaustive Commentary on Revelation in the Writings of Ellen G. White.
10. Exhaustive Commentary on Daniel in the Writings of Ellen G. White.
11. A Call to Medical Evangelism. Ellen G. White.
12. Country Living, Ellen G. White.
13. Get out of the Cities, Ellen G. White.
14. Final Time Events, Ellen G. White.
15. The Spalding and Magan Collection, Ellen G. White.
16. Lessons on the Life of Nehemiah, Ellen G. White.
17. Lessons from the life of Daniel, Ellen G. White.
18. Lessons from the life of Solomon, Ellen G. White.
19. Battle Creek Letters, Ellen G. White.
20. Christian Temperance and Bible Hygiene, Ellen G. White.
21. A Word to the Little Flock, Ellen G. White.
22. Sketches from the Life of Paul, Ellen G. White.
23. Healthful Living, Ellen G. White.

And More Will Coming!!!!!!!

*If you want to purchase at wholesale, the minimum are 50 books and you can contact us by email: lsdistribution07@gmail.com